Neuseeland

D1732612

Bruni Gebauer
Stefan Huy

Special

Allgemeines

Städtebeschreibungen

Auckland – Neuseelands ganzer Stolz   Seite 34

Die Metropole ist nicht nur die größte Stadt des Inselstaates, sondern auch die größte polynesische Stadt im Pazifik, denn nirgendwo sonst leben so viele Polynesier wie in der City of Sails, der »Stadt der Segel«.

Wellington – The Windy Capital   Seite 39

Wenn die Roaring Forties, die berüchtigten Stürme, gerade nicht toben, sitzt man in Straßencafés und Restaurants und genießt das Leben in vollen Zügen.

Christchurch – Die »englischste« Stadt   Seite 43

Vieles erinnert an England, die Gondolieri auf dem Avon allerdings mehr an Italien. Christchurch zieht mit seiner besonderen Atmosphäre Künstler und Nonkonformisten magisch an.

Touren

Tour 4

In den entlegenen Osten

Seite 65

Das Eastland, abseits der Touristen-
pfade gelegen, bietet urwüchsige
Landschaften, eine Stadt im Art-
déco-Stil und eine Tölpelkolonie.

Tour 5

Mitten durchs Herz Neuseelands

Seite 70

Die landschaftlich aufregende
Strecke der »Hot Line« führt von Ro-
torua nach Wellington, begleitet von
Urgewalten aus dem Erdinnern.

Tour 6

Wechselbad der Impressionen

Seite 73

Von rauen, klippenreichen Küsten an
südseeähnliche Strände, von Weinanbaugebieten in eine schroffe Gebirgswelt.

Tour 7

Ewiger Schnee und heiße Sommer

Seite 79

Vorbei am höchsten Berg Neuseelands und hinein in die von Seen und
Flüssen geprägte Landschaft Otagos,
in der Goldsucher deutliche Spuren
hinterließen.

Tour 8

Geheimtipps ganz im Süden

Seite 82

Über die sanften Hügel der Catlins an
die entlegene Südspitze der Südinsel
und wieder Richtung Norden bis zu
den Glühwürmchenhöhlen von Te
Anau.

Bildnachweis

Alle Fotos Stefan Huy außer Klaus-Peter Hütt: 1, 15, 44-1, 70; Volkmar Janicke: 38, 68, 74; laif/C. Emmler: 11; Holger Leue: 16-1, 17-2, 22, 26, 48, 51, 54, 57, 61, 62, 63, 65, 69-2, 73, 81-2, 86, 87, 89, 94; LOOK/Caro Strasnik: 8; Leo und Hermine Purmann: 6/7 (Fondbild), 7; Otto Rücker: 60, 78, 80-1, 91; Martin Thomas: 2-1, 6, 8/9 (Fondbild), 9, 10, 10/11 (Fondbild), 34, 39, 43; Titelbild: Bildagentur Huber/F. Damm

Great Walks –
der Name verpflichtet

Neuseeland ist Wanderland. So viel Natur pur bringt einfach auf Trab. Sie können sich mit einem erfrischenden Rundwanderweg durch schattigen Regenwald begnügen oder tagelang auf einem »Great Walk« durchs Hochgebirge unterwegs sein. Department of Conservation (DOC) heißt die Behörde, die für den Naturschutz in Neuseeland zuständig ist und sich daher auch um Wanderrouten durch die Nationalparks kümmert.

> ▮ Für Anmeldungen, Auskünfte, Karten- und Info-Material stehen die örtlichen DOC-Stellen zur Verfügung sowie das **DOC Information Centre** in Auckland, Ferry Building, Quay St., Tel. 09/379 6476, Fax 379 3609, Website: www.doc.govt.nz.

Drei bis fünf Tage dauern die schönsten Wanderungen durch Neuseelands Nationalparks:

▮ **Lake Waikaremoana Track** tief hinein in das größte zusammenhängende Waldgebiet der Nordinsel (s. S. 68).

▮ **Tongariro Northern Circuit** durch die aufregende Vulkanlandschaft im Innern der Nordinsel (s. S. 71).

▮ **Whanganui River Track** mit dem Kanu in die abgelegenen Urwälder am Whanganui River (s. S. 72).

▮ **Abel Tasman Coastal Track** entlang der sonnigen Nordküste der Südinsel (s. S. 76).

▮ **Heaphy Track** zum subtropischen Norden der West Coast (s. Karte S. 75).

▮ **Kepler Track** über alpine Höhen am Ostrand des Fiordland National Park hin zu einsamen Gletscherseen (s. S. 88).

▮ **Milford Track** durchs Hochgebirge an den herrlichen Milford Sound (s. S. 88).

▮ **Routeburn Track** über die Hochlagen von Aspiring und Fiordland National Park (s. S. 88).

▮ **Tuatepere Hump Ridge Track** auf den Spuren von Maori und Holzfällern durch Urwälder und entlang der Küste im äußersten Süden der Südinsel (s. S. 83).

▮ **Rakiura Track** durch die menschenleere Wildnis von Stewart Island (s. S. 96).

Ohne Anmeldung geht nichts

bei den populärsten »Great Walks«. Die Pfade sind schmal, die Hütten eng und der Andrang während der Saison, Oktober bis März, besonders groß. Am Milford Track ist außerdem Zelten verboten. Wer übernachten will, muss Plätze in Hütten und auf Campingplätzen buchen.

Heimelige Hütten-Nächte kosten jeweils zwischen 10 NZ$ (z. B. Rakiura Track) und 36 NZ$ (z. B. Routeburn Track). Für einen Zeltplatz bezahlt man 6 bis 12 NZ$. Ein Jahrespass (Annual Hut Pass) ist mit 67 NZ$ vergleichsweise preiswert, gilt aber weder für die Great Walks noch für ein paar andere beliebte Wanderungen.

▐ **Lake Waikaremoana Track,**
Tel. 06/837 3900.
▐ **Abel Tasman Coastal Track,**
Tel. 03/528 0005, Fax 528 6563.
▐ **Milford** und **Routeburn Track,**
Tel. 03 /249 8514, Fax 249 8515.
▐ **Infos und Buchung aller Great Walks:**
greatwalksbooking@doc.govt.nz.

Unbeschwert wandern

Wer ganz entspannt die Natur genießen möchte, bucht Komplettpakete mit Gepäckservice, Komfort-Übernachtungen und Führer.
▐ **Milford Track Guided Walk,**
Tel. 03/441 1138, Fax 441 1124, www.milfordtrack.co.nz. (Wenn Sie allein gehen wollen, müssen Sie sich beim Fiordland National Park Visitor Centre anmelden, Te Anau, Tel. 03/249 8514, Fax 249 8515.)
▐ **Routeburn Track Guided Walk,**
Tel. 03 442 8200, Fax 442 6072, www.routeburn.co.nz
▐ **Abel Tasman National Park Guided Walks** (Übernachtung in komfortablen Hütten mitten im Park), Tel. 03 528 7801, Fax 528 6087, www.abeltasman.co.nz.

Tageswanderungen

Sie haben nicht so viel Zeit und wollen trotzdem durch herrliche Natur wandern? Machen Sie eine Tageswanderung! Hier die reizvollsten Vorschläge:
▐ **Tongariro Crossing** durch Lava- und Aschefelder vorbei an Krateeseen (ab Whakapapa, s. S. 68)
▐ **Queen Charlotte Walkway** ab Ship Cove bis Endeavour Inlet am Fjordufer entlang (Boot-Transfer ab Picton: Cougar Line, Tel. 03/573 7925, gebührenfrei in NZ 0800/504 090)

▐ **Abel Tasman Coastal Track** ab Bark Bay über weiche Sandstrände bis Marahau (Boot-Transfer: Seafaris Aqua Taxi ab Marahau Beach, Tel. 03/572 8083, gebührenfrei in NZ 0800/278 282).

Tipp **New Zealand´s Top Tracks** (Mark Pickering, Reed Books, Auckland) beschreibt in leicht lesbarem Englisch die Great Walks.

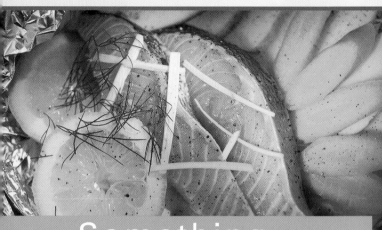

Something
fishy

Die Insellage mit rund 7000 Kilometer Küste beschert allzeit Fangfrisches aus dem Meer. Freuen Sie sich auf zarte Weißfische, saftige Muscheln und edle Krustentiere. Nichts leichter als die Frischware aus dem Supermarkt oder Fish Shop eigenhändig zuzubereiten (wenn Sie z. B. mit dem Wohnmobil unterwegs sind): die Filets in Butter braten oder den ganzen Fisch mit Zitrone in Alufolie auf dem Grill garen – einfach köstlich.

Aus der Schale

Wirklich ausgezeichnete Austern gibts nur in Neuseeland und nur zwischen Mitte April und August: **Bluff Oysters** aus den kühlen Gewässern im Süden der Südinsel. Zum Saisonauftakt lädt das Hafenstädtchen Bluff Anfang Mai zum Oyster & Seafood Festival ein. Feinschmecker schwören auf die fleischigen Austern, die in der Regel ohne Schale verkauft werden. Preiswerter, dafür etwas wässeriger im Geschmack sind Pacific Oysters, die in Farmen gezüchtet werden. Auf die Zubereitung von **Greenshell Mussels** (auch greenlipped mussels genannt) aus den sauberen Fjorden der Marlborough Sound haben sich die Mussel Boys spezialisiert. Probieren Sie die in Weißweinsud gegarte Variante. Und benutzen Sie eine intakte Schale als Essbesteck, wie bei Miesmuscheln. Verlangen nach **Langusten?** Dann sind Sie in Kaikoura richtig. Die an der Klippenküste gefangenen Krustentiere werden in der »Crayfish Capital« fast ausschließlich vorgekocht feilgeboten.

▌**Coromandel Oyster Company**
(am Hwy 25, 7 km südlich der Ortschaft Coromandel),
Tel. 07/866 8028, tgl. 9–17 Uhr.
▌**Mussel Boys,** Havelock, 72 Main St.,
Tel. 03/574 2824, tgl. Lunch und Dinner.
▌**Pacifica Fishing** an der Wharf von Kaikoura, Mo–Fr 8.30–17 Uhr, im Sommer auch Sa, So 10–14 Uhr.
Die beste Adresse für Langusten.

Fisch-Hitliste

Gurnard zergeht auf der Zunge und ist auch deshalb etwas teurer.
Terakihi kostet ebenfalls etwas mehr. Das zarte, aber bissfeste
Fleisch bedarf keiner aufwändigen Rezepturen.
Cod gibt´s überall, z. B als Akaroa Cod aus den klaren Gewässern
um die Banks Peninsula südlich von Christchurch.
Snapper ist auch allgegenwärtig, vor allem als Red Snapper.
Ein Fisch für jeden Tag. Die Zubereitung macht's.
Monk Fish entblößt strahlend weiße Filets, ideal zum Marinieren,
z. B. in Zitronensaft mit Kokosmilch.
Sole heisst die Seezunge und die kann tellergroße Ausmaße
annehmen. Wer Gräten fürchtet, sollte sich den Fisch im Restaurant
vorlegen lassen.

Lachs und andere Köstlichkeiten

Zuchtfische aus den heimischen klaren Gewässern stillen den
Heißhunger der Neuseeländer auf zartes Lachsfleisch. Besonders beliebt: fast grätenfreie Filets, denen allenfalls zu lange
Garzeiten geschmacklich etwas anhaben können. Probieren
Sie unbedingt auch Räucherlachs –
die »Hot Smoked«-Variante (abge-
packt erhältlich in allen Supermärkten) ist die beste.
An der Nordküste der Südinsel verwandelt Mapua Nature Smoke alle
möglichen Meeresfrüchte in geräu-
cherte Delikatessen. Lassen Sie
sich ein paar Leckerbissen direkt
am Wasser auftischen oder zum
Mitnehmen einpacken.

Garantiert farmfrische Lachsdelika-
tessen, dazu noch aus fließendem
Gebirgswasser, gibt es im Innern der
Südinsel bei der **Mount Cook Salmon
Farm** (ausgeschildert am SH 8,
ca. 20 km südlich von Lake Tekapo),
Tel. 025/ 370 038, tgl. bis 17.30 Uhr.
▮ Mapua Nature Smoke,
Mapua Wharf, Tel. 03/540 2280,
tgl. 9–20 Uhr.

Fast food der köstlichen Art

Fish & Chips, das heimliche National-
gericht der Kiwis kommt als »take
away« (zum Mitnehmen) traditionell
in Zeitungspapier eingeschlagen aus
der Fischbratküche. Auspacken und
mit den Fingern essen.
Sushi und **Sashimi** aus fangfrischem
Fisch, ummantelt von mariniertem
Reis und Nori-Blättern, locken Gour-
mets in die Sushi-Snack-Bars. Eine
sättigende Portion angereichert mit
eingelegtem Ingwer und einem Klecks
Wasabi gibt's für wenige Dollar.

Holz, Jade oder
schillernde Muscheln?

Die schönsten Neuseeland-Souvenirs sind handgemacht. Haben Sie keine Scheu, die am Straßenrand ausgeschilderten kleinen Ateliers der Künstler und Kunsthandwerker aufzusuchen. Besonders verbreitet sind Holzschnitzereien, Keramik, Goldschmiedearbeiten und geschliffene Jade, Web- und Strickwaren sowie traditionelles Maori-Kunsthandwerk. Generell gilt: Qualität hat seinen Preis. Bei Billigware handelt es sich garantiert um industrielle Massenprodukte.

Maori-Schnitzereien

Ganz typisch: Holzarbeiten mit fratzenhaften Gesichtern und verrenkten Gliedmaßen, wie sie auch die traditionellen Versammlungshäuser schmücken. Weniger Platz im Reisegepäck beanspruchen nach alten Motiven geschnitzte Tierknochen, die als Amulett getragen werden.

▌ Große Auswahl und beste Qualität bietet das **New Zealand Maori Arts & Craft Institute** (s. S. 60) in Rotorua (Hemo Rd. tgl. 8.30–17 Uhr, im Sommer bis 18 Uhr). Weitere Infos: www.piperpat.co.nz/nz/maori.html.

Paua-Pretiosen

Die Schalen der Paua-Muscheln erleben eine Renaissance, nachdem das in allen Farben schillernde Perlmutt bereits von den Maori in vorkolonialer Zeit als dekorativer Werkstoff genutzt wurde. Lassen Sie den einfallslosen Paua-Schmuck der Souvenirläden links liegen. Immer mehr Goldschmiede wissen die Muschelschalen phantasievoll zu verarbeiten. Und die Pretiosen aus dem Pazifik kosten kein Vermögen.
▌ Originelles verkauft **Pauanesia,** 35 High St., Auckland.

Greenstone

Der jadeähnliche Halbedelstein wird ausschließlich an der West Coast gewonnen, wo sich die Kleinstadt Hokitika (s. S. 93) mit einer Reihe von Werkstätten auf preiswerte Massenware spezialisiert hat.

■ Außergewöhnliche Kunstwerke findet man bei **Techtonic Jade** an der Revell Street. Interessante, moderne Jade-Schmuckstücke fertigt **Neil Hanna,** der angemeldete Kaufinteressenten in seinem Atelier in Auckland empfängt (Tel. 09/524 0663, ca. ab 1000 NZ$).
■ Wie man den harten Stein eigenhändig in Form bringt, lernen Sie bei einem Schleif-Kurs im **Seaside Backpackers** in Hokitika (197 Revell St., Tel. 03/755 7612).

Sonniges Plätzchen der Kunsthandwerker

Auf nach Nelson (s. S. 76), wenn Sie kunstfertige Handarbeit zu schätzen wissen. Denn die freundliche Stadt an der Nordküste der Südinsel ist zum kreativen Mekka gewachsen. Weil Töpfer hier ideale Tonerde finden, ist die Auswahl an Keramik groß. Ein hilfreicher Wegweiser ist der »Tourist Guide to Nelson Potteries«, während das »Nelson Regional Guide Book« durch die allgemeine Kunst- und Kunsthandwerkerszene lotst (jeweils erhältlich in der Visitor Information).
■ Bei den **New Zealand Wearable Art Awards,** alljährlich in der zweiten Septemberhälfte, wird in Nelson Mode als tragbare Kunst auf den Laufsteg gebracht. Sehenswert!

Fundgruben

Das Sortiment guter Kunsthandwerkläden reicht vom glasierten Tonkrug über bemalte Seidentücher bis zum schwergewichtigen Silberschmuck: alles »handmade in New Zealand«. Ebenso Originelles wie Erlesenes bieten:
■ **Gallery Pacific,** 105 Queen St., Auckland.
■ **Te Papa Museum Shop,** Cable St., Wellington (s. S. 42).
■ **Cabagge Tree,** Williams St. , Paihia (Bay of Islands).
■ **Punakaiki Crafts,** SH 6, gegenüber den Pancake Rocks (West Coast).
■ **Arts Centre,** Christchurch (s. S. 44), vor allem auf dem Markt am Wochenende.

Aotearoa

Das Land der langen weißen Wolke

Neuseeland ist kein neues, aber ein geologisch ganz junges Land. Das konnte der holländische Seefahrer Abel Tasman nicht wissen, als er 1642 »Nieuw Zeeland« entdeckte. Seitdem wurde Neuseeland immer wieder entdeckt: von englischen und französischen Kolonialmächten und nicht zuletzt von jährlich über 1,7 Millionen Touristen aus aller Welt.

Lage und Landschaft

»Ganz schön wacklige Inseln«, spötteln die Australier allzu gern über ihren kleinen Nachbarn Neuseeland. Und so ganz unrecht haben sie nicht. Denn die geologisch jungen Inseln liegen mitten in der vulkanisch aktiven Zone des Südpazifiks, wo schwache Erdbeben regelmäßig die Seismographen beschäftigen, hin und wieder schwere Erdstöße das Land erschüttern. In der Hauptstadt Wellington, die auf einer Bruchlinie liegt, grollt es durchschnittlich zwölfmal im Jahr, wenn auch nur leicht. Laut Statistik muss Neuseeland einmal pro Jahr mit einem Beben der Stärke 6 auf der nach oben offenen Richterskala rechnen.

Der schwefelige Atem des Teufels dringt mancherorts noch heute aus dem Erdinnern. Geysire blasen ihn aus, ebenso wie Thermalquellen und die Krater aktiver Vulkane. Bei manchen Eruptionen wird auch mehr als nur heiße Luft ausgestoßen. Da mag es sicherer sein, den Krater des Vulkans auf White Island in der Bay of Plenty nur per Flugzeug aus der Luft zu betrachten. Heute sind allerdings die meisten Vulkane erloschen.

Im Verlauf der rund 100 Millionen Jahre, die Neuseeland sich nach der tektonischen Hebung über den Meeresspiegel »Land« nennen darf, haben eine Vielzahl von Eruptionen und Erdbeben die noch jugendliche Oberflä-

Neukaledonien

PAZIFISCHER OZEAN

AUSTRALIEN

Canberra

Nordinsel

NEUSEELAND

Tasmanien

Südinsel

Wellington

Stewart Island

Alles ist verkehrt

Dass Neuseeland auf der anderen Erdhalbkugel liegt, hat fatale Folgen: Die Sonne steht im Norden am höchsten, der Mond nimmt spiegelverkehrt ab, anstatt des »Großen Bären« leuchtet in sternenklaren Nächten das »Kreuz des Südens«, und das Badewasser fließt andersherum ab, nämlich gegen den Uhrzeigersinn. Wenn in Europa Frühlingsgefühle erwachen, stellen sich die Neuseeländer auf graue Herbsttöne ein. Und während sich der Weihnachtsmann in den heimatlichen Gefilden möglicherweise durch tiefen Schnee kämpfen muss, kommt er auf der Südhalbkugel bei sommerlichen Temperaturen ganz schön ins Schwitzen.

che geformt. Bergkegel und Inseln entstanden, aus erloschenen Kratern wurden Seen, Steilküsten stiegen auf aus dem Ozean, und Brüche und Verwerfungen zerklüfteten die Landschaft. Kein Wunder, dass bei derart ungestümen Aktivitäten im Erdinnern die Formgebung der Oberfläche noch kantig, schroff, ohne ebenmäßige, in Erdzeitaltern gereifte Züge ausfällt. Entsprechend viel Angriffsfläche haben die Erosionskräfte: An dem noch unfertigen Relief Neuseelands schleifen tosende Wasserfälle, brodelnde Wildwasser, mächtige Gletscher und kräftige Winde, entlang der rundum 7000 km langen Küste auch schäumende Meeresbrandung.

»Die Südinsel ist ein ehrliches Raubein, die Nordinsel ein weichlicher Yuppie und – da war doch noch etwas – ach ja, Stewart Island!« So selbstbewusst und zynisch können Südinsulaner parlieren, wenn es um die eigene Identität geht. Denn mittlerweile hat es sich weltweit herumgesprochen: Die 151 000 km² große Südinsel ist der landschaftlich schönere, allerdings wirtschaftlich ärmere Teil Neuseelands, während die Nordinsel, 115 000 km² groß, mit der Metropole Auckland und der Hauptstadt Wellington sich bemüht, international Anschluss zu halten, wirtschaftlich, politisch und gesellschaftlich.

Rund 1600 km sind es von der Nordspitze bis in den tiefen Süden des Landes. Dort versteckt sich der Winzling Stewart Island, ganze 1746 km² groß.

Klima und Reisezeit

Mittendrin im Ozean, zwischen tropischer Südsee im Norden und frostiger Antarktis im Süden, ist Neuseelands Wetter hin und her gerissen. Mal wehen eisige Southerlies vom Südpol,

gleich am nächsten Tag milde Nordwestwinde, die Northwesterlies, oder von Westen her treiben stürmische Böen dunkle Regenwolken über das Land. Eines ist das Wetter in Neuseeland auf keinen Fall: langweilig! »Ob es regnet, weiß ich erst, wenn der erste Tropfen vom Himmel fällt«, sagen die wettererprobten und -gegerbten Farmer. Denn an die Wettervorhersage glaubt schon lange niemand mehr. Der Tourist ist gut beraten, unterwegs auf alles vorbereitet zu sein. Wenn morgens die Sonne vom wolkenlosen Himmel strahlt, kann schon wenige Stunden später eine Regenfront heranziehen. Und – wichtig für Umherreisende – ein paar Kilometer weiter, womöglich jenseits eines Höhenzugs, herrschen allemal andere Wetterverhältnisse. Wetterbeständig ist Neuseeland nur in einer Hinsicht: Es win-

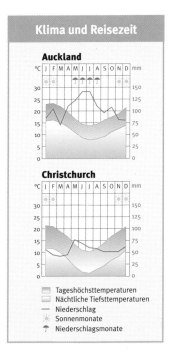

Klima und Reisezeit

Auckland

Christchurch

Tageshöchsttemperaturen
Nächtliche Tiefsttemperaturen
— Niederschlag
☀ Sonnenmonate
↑ Niederschlagsmonate

det ständig und allerorten, oft heftig in peitschenden Böen, sodass man Fahrradtouristen nach absolviertem Rundkurs durchs Land die Tapferkeitsmedaille verleihen sollte.

Dabei kann man das Klima auf den Inseln getrost als mild bezeichnen, auch im Winter, der dann die Neuseeländer zum Heizen zwingt, wenn die Europäer ihre (hoffentlich) heiße Zeit genießen, von Juni bis September. Dann frieren die Südinsulaner etwas mehr als ihre Landsleute auf der Nordinsel. Doch in der Regel fällt auch dort das Thermometer nie unter 0 °C, ausgenommen natürlich die Hochlagen, insbesondere in der Alpenregion der Südinsel, wo schneesichere Hänge die Skifahrer locken. Selbst wenn oben die Skier durch Tiefschnee spuren, die Abfahrt ins Tal endet garantiert im Grünen. Kein Wunder bei einer Schneefallgrenze von ca. 1000 m. Mit Durchschnittstemperaturen von 18 °C im Sommer und 10 °C im Winter entspricht das Klima auf der Nordinsel subtropischen Verhältnissen, während auf der Südinsel durchschnittlich 4 °C weniger gemessen werden. Die geringen Temperaturunterschiede zwischen Winter und Sommer, eine typische Ausprägung des ozeanischen Klimas, sind auf die von gewaltigen Wassermassen umschlossene Insellage zurückzuführen.

Die besten Reisezeiten

Ideal auf jeden Fall, dass Neuseelands Klima Jahreszeiten kennt mit Frühling, Sommer, Herbst und Winter. So können europäische Touristen dem unfreundlichen heimischen Winter entfliehen und »O Tannenbaum« unter dem Pohutukawa singen, dem Ende Dezember leuchtend rot blühenden neuseeländischen »Weihnachtsbaum«. In der schönsten, weil wärmsten und sonnigsten Reisezeit zwischen Mitte Dezember und Ende Januar, während der neuseeländischen Schulferien, fallen allerdings auch erholungshungrige heimische Familien in die attraktivsten Gegenden ihres Landes ein. An Stränden, auf Fähren und Campingplätzen, in Hotels und Restaurants kann es dann eng werden. Schöne Tage versprechen aber auch noch Februar und, mit ein paar Abstrichen, März und April. Dann, im Herbst, erscheint v. a. der Süden der Südinsel (Otago) in wunderschönen Farben, und die Sonne steht weniger gleißend am Himmel.

Unbeständiger ist das Winterwetter zwischen Mai und Oktober, dann fallen an der oft verregneten Westküste aber die wenigsten Niederschläge, und es ist die beste Zeit für besonders günstige Tarife bei Autovermietern und Motels.

Natur und Umwelt

»Moa's Ark«, Arche Moa, hat ein neuseeländischer Zoologe seine Heimat nach dem ausgestorbenen Straußenvogel genannt: 80 Mio. Jahre lang gediehen Flora und Fauna völlig isoliert wie auf einer Arche. Bis die Menschen

---

Achtung Sonne!

Im Frühjahr (Okt., Nov.) ist das – wieder schrumpfende –Ozonloch über der Antarktis am größten. Schützen kann man sich mit einer Sonnencreme (mindestens Schutzfaktor 15). Im täglichen Wetterbericht wird die »burn time« bekannt gegeben: die Anzahl der Minuten, die man ohne einen Sonnenbrand zu riskieren, in der Mittagszeit bräunen kann.

Charakteristisch für Neuseeland: Schafe und der Mount Cook

kamen. Zunächst die Polynesier, die u. a. dem flugunfähigen *Kiwi* der struppigen Federn wegen nachstellten. Bis dahin hatte der Vogel keine Feinde unter den Lebewesen auf den Inseln. Dann die Europäer – und mit ihnen fremde Tier- und Pflanzenarten, die sich schnell ausbreiteten.

Fauna

Heute sind die zahlreichen Nachkommen der eingeführten Wiesel, Opossums und Katzen eine echte Plage. Nicht nur Gartenbesitzer veranstalten regelrecht Jagd auf die gefräßigen Opossums. Auch Rotwild, das in Neuseeland keine natürlichen Feinde hat und in den Wäldern ganze Aufforstungen kahl frisst, ist das ganze Jahr über zum Abschuss freigegeben.

Von den einheimischen Land-Tierarten, zu denen bis auf ein paar Fledermausspezies nie Säugetiere zählten, haben überwiegend Vögel überlebt. Über 60 verschiedene Arten haben die Ornithologen ausgemacht, darunter den *Tui,* einen Singvogel mit weißem Hals, den *Pukeko,* einen bunt gefiederten Sumpfvogel, und den frechen Bergpapagei *Kea* (s. S. 88).

Von den erfassten 43 heimischen Reptilienarten sind heute viele vom Aussterben bedroht, u. a. der 60 cm große *Tuatara,* eine Echsenart aus der Urzeit vor über 60 Mio. Jahren, die sich auf vorgelagerte Inseln zurückgezogen hat.

Zum großen Vergnügen der Besucher tummeln sich an den Küsten je nach Jahreszeit Wale, Delphine, Robben und Pinguine.

Flora

Rund 180 verschiedene Farnarten wachsen in den dichten Regenwäldern – Charakteristikum der neuseeländischen Flora. Die Farnspirale am Ende der Triebe steht Modell für typische Maori-Ornamente. Der heimischen Flora machen einige der eingeführten Pflanzen, z. B. hartnäckige Gräser und Stechginster, zu schaffen. Bestaunenswerte Raritäten sind heute ausgewachsene *Kauris,* bis zu 50 m hohe Riesenfichten, deren hochwertiges Holz die Siedler im 19. Jh. ganze Waldgebiete abholzen ließ. Inzwischen haben großflächige Aufforstungen wieder Wälder geschaffen, wenn auch nur mit eingeführten Bäumen wie z. B. der kalifornischen Pinie.

Naturschutz

Damit Neuseelands noch verhältnismäßig intakte Natur auch so bleibt, hat die Regierung 1991 im »Resource Management Act« verordnet, dass alle Wirtschaftsbereiche, auch der Tourismus, umweltschonend vorgehen müssen. Nicht nur «Greenies«, wie die Umweltschützer genannt werden, wehren sich heute gegen landschaftszerstörende Goldminen und neue Stauseen. Atomwaffenfreie Zone ist Neuseeland bereits seit 1984 – als erste Nation auf der Erde.

Kiwi ...

Gesellschaft

Rund 4 Millionen bevölkern den Inselstaat, der größte Teil davon die Nordinsel. Wie auch anderswo auf der Erde zieht es die Menschen in die Städte, wo es Arbeit und ausreichend soziale Kontakte gibt – ein Mangel in vielen dünn besiedelten ländlichen Regionen. Bevölkerungsmagnet Nummer eins ist mit Abstand Auckland, wo mehr Menschen wohnen als auf der gesamten Südinsel. Dabei geben die Neuseeländer sich gerne als »Outdoors«: als Menschen, die sich draußen wohler fühlen als in engen Stadtwohnungen, die Wind und Wetter nicht abhalten können, durch die naturbelassene Landschaft zu wandern, und die allenfalls bei Sturmwarnung ihr Segelboot im Hafen lassen. In Auckland besitzt übrigens laut Statistik jeder Vierte ein eigenes Wasserfahrzeug!

Freizeit ist die schönste Zeit

Freizeit scheint ebenso wichtig wie Freiheit, und richtig frei fühlt sich der Kiwi am Freitagnachmittag, nach Dienstschluss, wenn er das Büro im Sturmschritt verlässt und nach Hause hastet, um möglichst keine Sekunde des heiß ersehnten »Weekends« zu verpassen. »Weekend« ist typisch neuseeländische Lebensart. Man fährt mit Mann und Maus, Sack und Pack und guten Freunden ins Grüne, stürzt sich in sportliche Aktivitäten oder schaut einfach nur zu, zum Beispiel den »All Blacks« bei einem ihrer draufgängerischen Rugby-Kämpfe.

Die meisten haben am Wochenende aber noch Wichtigeres zu tun: Das Eigenheim – die Mehrzahl der Neuseeländer besitzt eines –, muss gestrichen, der Zaun geflickt, der Rasen gemäht und die Hecke geschnitten werden. Außerdem saugt die Waschmaschine kein Wasser an, das Kupplungsseil des 20 Jahre alten Mini Coopers ist gerissen, und bei den Kindern ist längst wieder ein Haarschnitt fällig.

Sympathische Kiwis

Einen Neuseeländer »Kiwi« zu nennen ist weder unhöflich noch boshaft – obwohl der struppige, flugunfähige Namensgeber ein fast blinder Vogel mit merkwürdigen Proportionen ist. Als Kiwis bezeichnen die Neuseeländer sich nämlich selbst, mit der ihnen eigenen sympathischen Selbstironie.

Kiwi ...

... und nochmal Kiwi

Die Kiwis sind passionierte Do-it-yourself-Künstler, angetrieben von dem traditionellen Pioniergeist, aber auch der wirtschaftlichen Notwendigkeit, die, vermehrt seit der Konjunkturschwäche, teure Handwerker und so manche Neuanschaffung unmöglich macht.

Die Maori

Unter den Bedürftigen sind Besorgnis erregend viele Maori, Nachkommen der ersten aus Polynesien stammenden Einwanderer Neuseelands. 14 % der Gesamtbevölkerung machen sie heute aus, Tendenz steigend aufgrund der hohen Geburtenrate. Fast die Hälfte der Maori lebt heutzutage von der Sozialhilfe, sie stellen einen Großteil der Arbeitslosen, ihr Bildungsniveau liegt unter dem Durchschnitt, und jüngste Untersuchungen belegen eine schlechtere gesundheitliche Verfassung.

Daraus auf eine von den Weißen, den Pakeha, wie sie in der Maori-Sprache heißen, unterdrückte dunkelhäutige Minderheit zu schließen, wäre völlig falsch. Denn im Großen und Ganzen leben die beiden ethnischen

Aus zweiter Hand: Garage Sale und Demolition Yard

Wenn Kiwis etwas auf den Müll werfen, kann man davon ausgehen, dass der ausrangierte Gegenstand zu überhaupt nichts mehr Nutze ist. Ansonsten landet das Ding erst einmal im Abstellraum oder in der Garage. Wer weiß, wozu es noch einmal gut ist?

Fahrradrahmen, wuchtige Eisschränke, ausgeblichene Polstersessel, vergilbte Fensterlamellen und Unmengen von Krimskrams und Kitsch stapeln sich irgendwann bis unter die Decke. Wenn dann der Pkw partout nicht mehr hinein-

passt, wird außen ein Schild installiert: »Garage Sale«, was so viel heißt wie »privater Trödelmarkt«. Kunden gibt´s reichlich. Denn die Kiwis können fast alles gebrauchen.

Gewerblich wird der Handel aus zweiter Hand von den Demolition Yards betrieben. Sie kaufen und verkaufen (fast alles!) und sind wahre Fundgruben für die unzähligen Heimwerker auf der Suche nach preiswerten Türen, Duschwannen, Fensterrahmen, Treppengeländern ...

Gruppen gleichberechtigt und recht friedlich zusammen in einer fast klassenlosen Gesellschaft, wenn auch mehr nebeneinander als miteinander. »Ein Volk mit zwei Paddeln«, nannte dies einmal ein Maori. Auch staatliche Maßnahmen und Gesetze haben es bis heute nicht geschafft, die Kluft zwischen den unterschiedlichen Kulturen und Mentalitäten zu überbrücken.

Wenn es Streit gibt, dann um die vielerorts noch ungeklärten Landrechte, die einige Maori-Stämme einfordern, weil sie ihrer Meinung nach bei der Besiedlung des Landes durch die Weißen betrogen wurden.

Von gewalttätigen Auseinandersetzungen und kriminellen Ausschreitungen junger Maori hört man leider zunehmend in den Großstädten, vor allem in Auckland, wo Straßengangs den Kiwis den Glauben an Sicherheit und Ordnung geraubt haben.

Polynesier und Asiaten

Nicht einfach verläuft die Integration der rund 230 000 Polynesier, die von den Südsee-Inseln übergesiedelt sind, in der Mehrzahl nach Auckland, der eigentlichen Hauptstadt Polynesiens. Auch sie leben überwiegend am Rand des Existenzminimums, zumal oft zahlreiche Verwandte auf der Heimatinsel am mageren Verdienst partizipieren.

Richtig schwer tun sich die eigentlich gastfreundlichen Kiwis mit den neuen asiatischen, in der Mehrzahl chinesischen Einwanderern, die seit ein paar Jahren zuhauf – oft mit der ganzen Sippe – ins Land kommen. Ihr Fleiß und Ehrgeiz werden mit Misstrauen beäugt. Denn man fürchtet um traditionelle neuseeländische Werte wie Fair Play und Understatement, vor allen Dingen aber um den geruhsamen Way of Life.

Die Frauen Neuseelands

Wären da noch die Frauen, von denen streitbare Emanzen behaupten, sie seien die einzige unterdrückte Bevölkerungsgruppe Neuseelands. Tatsächlich aber waren die Neuseeländerinnen die ersten Frauen weltweit, die das Wahlrecht erhielten (1893). Und die zwei wichtigsten politischen Ämter bekleiden Frauen: Premierministerin Helen Clark (Labour) und Generalgouverneurin Dame Silvia Cartwright als Vertreterin der englischen Königin.

Trotz allem: Für gleiche Arbeit werden viele Frauen noch immer geringer bezahlt als ihre männlichen Kollegen. Dabei sind die meisten Familien finanziell auf die Berufstätigkeit der Frau angewiesen, die dagegen selten auf die Mitarbeit des Gatten im Haushalt hoffen darf. Denn der Neuseeländer pflegt sein Macho-Image.

Wer mehr über Pakeha und Maori, über Frauen und Männer, über Brauchtum und Lebenseinstellung wissen möchte, dem sei die Lektüre des Polyglott-Bandes **Land & Leute Neuseeland** ans Herz gelegt, der viel Hintergrundwissen über die Menschen des Inselstaates vermittelt, das in keinem Reiseführer Platz findet (Polyglott-Verlag, München 2002).

Politik

Die einst folgsamste britische Kolonie befindet sich in einem Abnabelungsprozess von der englischen Krone, wenn auch nicht ganz so provokativ wie der raubeinige Commonwealth-Partner Australien.

1840 wurde Neuseeland zur britischen Kronkolonie erklärt. Der im selben Jahr unterzeichnete »Vertrag von Waitangi«, der die Rechte der Maori wahren sollte, war schon eine bevorzugte Regelung in der sonst eher rüden Kolonialpolitik Englands. Die Souveränität erlangte Neuseeland 1947, blieb aber weiterhin Monarchie mit königlichem Staatsoberhaupt. Die Queen wird im Parlament in Wellington durch die Generalgouverneurin vertreten.

Weltweite Schlagzeilen machte das »Land am Ende der Welt«, als es atombewaffneten Schiffen den Zugang zu neuseeländischen Häfen verweigerte und aus dem ANZUS-Pakt (s. S. 21) austrat.

Die Regierung mit dem Premierminister an der Spitze stellt die demokratisch gewählte Mehrheitspartei. Bei der Wahl 2002 konnte die Labour Party erneut die Regierung mit Hilfe der Alliance/Greens-Partei bilden. Von den insgesamt 120 Sitzen im Parlament sind fünf für die Vertreter der Maori reserviert.

Exportschlager Wolle

Steckbrief

▮ Lage: Neuseeland liegt im südwestlichen Pazifik, ca. 2500 km östlich von Australien, zwischen dem 166. und 179. Grad westlicher Länge und dem 34. und 47. Grad südlicher Breite.

▮ Fläche: 270 500 km².

▮ Hauptstadt: Wellington (Nordinsel).

▮ Größte Städte: Auckland (1,1 Mio. Einw.), Wellington (ca. 340 000), Hamilton (160 000).

▮ Höchster Punkt: Aoraki/Mount Cook auf der Südinsel mit 3754 m.

▮ Bevölkerung: Rund 4 Mio., davon lebt knapp die Hälfte in den großen Städten Auckland, Wellington, Christchurch, Hamilton und Dunedin. 75 % der Neuseeländer leben auf der Nordinsel. 74 % der Bevölkerung sind europäischer Abstammung, rund 14 % sind Maori, 6 % kommen von benachbarten Südsee-Inseln und weitere 6 % aus asiatischen Ländern.

▮ Bevölkerungsdichte: 14 Menschen pro km² (Deutschland: 227).

▮ Schafe: Derzeit wird die Zahl der Schafe auf 50 Mio. geschätzt.

▮ Nationalflagge: In der oberen linken Hälfte befindet sich der englische »Union Jack«. Die vier Sterne auf blauem Grund auf der rechten Seite symbolisieren das Sternenbild des Southern Cross.

▮ Arbeitslosenquote: ca. 5,5 % (2002). Mehr als die Hälfte aller Arbeitslosen ist jünger als 29 Jahre, der größte Teil ist polynesischer Abstammung.

Wirtschaft

Noch in den 1970er Jahren wiegten sich die Kiwis in sozialer Sicherheit. Doch dann standen sie fassungslos vor dem Zusammenbruch des einstigen Wohlfahrtsstaates. Ob Renten, medizinische Versorgung, Bildung, Sozial- und Arbeitslosenhilfe – in fast allen Bereichen wurden radikal die Mittel gekürzt. Doch wer oder was war schuld an der wirtschaftlichen Talfahrt, die schon vor 30 Jahren begann? Folgenschwer waren sicherlich die weltweite Ölkrise in den 1960er Jahren und der 1973 erfolgte EG-Beitritt Großbritanniens, der festgezurrte Handelsbeziehungen zum Mutterland von heute auf morgen gegenstandslos machte. Die Auslandsverschuldung wuchs, und ein steter Preisverfall neuseeländischer Erzeugnisse auf dem Weltmarkt schwächte zusätzlich die Wirtschaft erheblich.

Inzwischen geht es wieder aufwärts. Der Tourismus ist der größte Devisenbringer. Das Wirtschaftswachstum betrug 2002 immerhin knapp 2 % bei einer Inflationsrate von rund 1,5 %. Die Weichen für den Aufschwung wurden schon vor Jahren mit einer Umorientierung hin zu Australien, den Pazifik-Inseln und vor allen Dingen Asien gestellt.

60 % der Bodenfläche werden landwirtschaftlich genutzt. Neuseeland hat die traditionell auf Lamm und Hammel beschränkte Palette der Fleischprodukte um Rind und Rotwild erweitert. Letzteres wird in Farmen gezüchtet, ebenso wie Lachse, die ein einträgliches Exportgut der Fischindustrie ausmachen. Noch baut die Wirtschaft auf Wolle und landwirtschaftliche Produkte, doch die Konkurrenz auf dem Weltmarkt führt immer wieder zu schmerzhaften Preiseinbrüchen.

Geschichte im Überblick

Um 1000 n. Chr. Polynesier sind die ersten Siedler in Neuseeland.

1642 Der holländische Seefahrer Abel Tasman sichtet als erster Europäer Neuseeland, setzt aber keinen Fuß an die Küste. Dies tut

1769 der englische Entdecker James Cook am 9. 10.: In der Mercury Bay im Osten der Nordinsel annektiert er das Land für die Krone.

1814 Die ersten Missionare kommen ins Land, und Reverend Samuel Marsden richtet an der Bay of Islands eine anglikanische Missionsstation ein.

1820 Maori-Häuptling Hongi Hika besucht in England König Georg IV. Wieder zurück, tauscht er die erhaltenen Geschenke gegen Waffen ein und führt aus reiner Machtgier Krieg gegen Europäer und andere Maori-Stämme.

1838 Unter Federführung von Edward Gibbon Wakefield wird in London die »New Zealand Company« gegründet, um die Besiedlung voranzutreiben. Sechs Jahre später musste die Gesellschaft wegen finanzieller Schwierigkeiten aufgeben.

1840 Vertreter der Krone und Maori-Häuptlinge unterzeichnen an der Bay of Islands den »Vertrag von Waitangi«, der den Engländern die souveräne Herrschaft zugesteht und die Maori unter den Schutz der Krone stellt.

1852 Mit Inkrafttreten der neuseeländischen Verfassung wird der Status als Kronkolonie aufgehoben, das Land bekommt das Recht, ein eigenes Parlament aufzustellen.

1858 Erstmals übertrifft die Zahl der weißen Einwohner die der Maori. Potatau I. wird zum ersten Maori-König gewählt.

1860–1865 In der Taranaki- und Waikato-Region kommt es wegen Streitigkeiten um Landrechte zu blutigen Kriegen zwischen englischen Soldaten und Maori.

1861 Mit seinem Goldfund in Otago löst Gabriel Reed den ersten Goldrausch aus.

1865 Wellington wird Hauptstadt.

1867 Vertreter der Maori erhalten im Repräsentantenhaus vier Sitze – im damaligen Britischen Empire eine Sensation.

1884 Während der andauernden wirtschaflichen Depression gehen in Auckland erstmals protestierende Arbeitslose auf die Straße.

1890 Bei der ersten Wahl sind alle Männer ab dem 21. Lebensjahr stimmberechtigt.

1893 Weltweit als Erste erhalten neuseeländische Frauen das aktive Wahlrecht.

1898 Als erster Staat der Welt führt Neuseeland die Altersrente für Frauen und Männer über 65 ein.

1901 Neuseeland übernimmt die Verwaltung der pazifischen Cook-Inseln.

1907 Neuseeland wird von England zum »Dominion« erklärt.

1914 Neuseeländische Soldaten ziehen an der Seite der Engländer in den Ersten Weltkrieg. 100 000 von ihnen erleben das Kriegsende nicht.

1919 Frauen erhalten nun auch das passive Wahlrecht.

1935 Erstmals geht die Labour Party als Sieger aus den Wahlen hervor.

1936 Die 40-Stunden-Woche wird festgelegt.

1940 Neuseeländische Truppen kämpfen im Zweiten Weltkrieg an alliierter Seite in Europa und Nordafrika.

1947 Am 25. November erhält Neuseeland die totale Unabhängigkeit von England.

1951 Neuseeland, Australien und die USA unterschreiben den ANZUS-Vertrag, einen Sicherheitspakt.

1953 Der Neuseeländer Edmund Hillary erklimmt als Erster den Gipfel des Mount Everest.

1972 Die neuseeländische Regierung protestiert offiziell gegen die Atomtests der Franzosen im Südpazifik.

1985 Der französische Geheimdienst versenkt das Greenpeace-Schiff »Rainbow Warrior« im Hafen von Auckland. Greenpeace demonstrierte gegen die Atomtests in Französisch-Polynesien.

1986 Ein Gesetz zur Legalisierung der Homosexualität tritt in Kraft.

1987 Neuseeland wird atomwaffenfreie Zone, der ANZUS-Pakt wird ohne Neuseeland weitergeführt.

1991 Im umstrittenen »Employment Contracts Act« wird die Macht der Gewerkschaften stark eingeschränkt.

1995 Neuseeland stellt sich an die Spitze der weltweiten Protestbewegung gegen die französischen Atomtests im Südpazifik.

2000 »Team New Zealand« gewinnt vor der Küste Aucklands erneut den renommierten Segelwettbewerb »America's Cup«.

2003 Im März wird der »America's Cup« vor der Küste Aucklands ausgetragen.

Die Maori-Kultur

Maori-Kinder lernen den Haka

Wenn man so manche Maori-Männer beim Haka, dem Furcht einflößenden Kriegstanz, beobachtet, glaubt man gern, dass die Vorfahren dieser energiegeladenen massigen Kraftpakete den Ozean über Tausende von Kilometern durchpaddelt haben, auf der Suche nach einer neuen Heimat. Vor rund 1000 Jahren sollen sie diese Marathon-Reise auf sich genommen haben, von dem legendären Land Hawaiki aus, das irgendwo im pazifischen Raum gelegen haben muss. Ihr Äußeres, Mythologie, Sprache, Sitten und Gebräuche lassen auf eine polynesische Abstammung schließen. Zahlreiche Historiker favorisieren Raiatea in Französisch-Polynesien als Urheimat der Maori. Aber sicher ist keiner.

Die Gründe, warum das Naturvolk die ungewisse Reise durch den unberechenbaren Pazifik riskiert hat, vermutet man in Überbevölkerung und Hungersnot auf den Heimatinseln der Urmaori. Einig sind sich die Wissenschaftler lediglich darin, dass die Landung in Neuseeland kein Zufall war. Denn die Maori hatten zweifelsohne exzellente, den Sternenhimmel einbeziehende Navigationskenntnisse, die es ihnen ermöglichten, den Kurs zu halten.

Die lange Reise

Die einfachen, aus Baumstämmen gefertigten Kanus waren beladen mit Früchten, Gemüse und Kokosnüssen, deren Saft an Stelle von Wasser den Durst löscht. Außerdem brachten sie Setzlinge von Nutzpflanzen, Schweine, Hühner und Hunde mit an Land. Aotearoa, »Land der langen weißen Wolke«, nannten die Maori ihre neue Heimat. Im Rahmen einer regelrechten Auswanderungswelle ließen sich in der Folgezeit rund 40 verschiedene Stämme auf den Inseln Neuseelands nieder, mit jeweils eigenen Territorien, denn die Maori waren nie ein Volk und metzelten sich gegenseitig oft genug in kriegerischen Auseinandersetzungen nieder. Alle Maori besaßen aber eine gemeinsame Abstammung, glaubten an die gleichen Götter und Legenden und stimmten in Denkweise und Wertmaßstäben überein. Letzteres ist in gewisser Weise bis heute der Fall. Immer noch basiert das Gesellschaftssystem auf dem Leben in Sippen – jeder kümmert sich um jeden. Ländereien sind Stammeseigentum und deshalb von einzelnen Personen nicht veräußerbar.

Als sich in der ersten Hälfte des 18. Jhs. die ersten Europäer in Neuseeland niederließen, lebten dort ca. 100 000 Maori, Naturvölker auf Steinzeitniveau, aber mit phänomenalen Instinkten und Fähigkeiten. Das Rad war unbekannt, ebenso Bronze und Eisen. Waffen und Werkzeuge wurden aus Stein hergestellt. Als wertvollster Rohstoff galt *greenstone,* ein jadeähnliches Gestein, das zu Kult- und Schmuckgegenständen verarbeitet wurde. Die Menschen hüllten sich in Umhänge, gewebt aus Pflanzenfasern und verziert mit Federn und Muscheln. Nacktheit galt als schön, denn auf bloßer Haut kamen die kunstvollen großflächigen *tatoos* zur Geltung, mit denen sich Männer wie Frauen schmückten. Üblich waren Tätowierungen im Gesicht, meist in der Mund- und Kinnpartie.

Europäer als Bekehrer und Zerstörer

Die Missionare hatten ein leichtes Spiel bei den naiven Menschen, die ein tiefes religiöses Bewusstsein hatten und denen Nächstenliebe und Ehr-furcht wichtige Werte waren. Sie ließen sich zum Christentum bekehren, trugen den Körper verhüllende Baumwollkleider und versuchten sich in der Einehe. Natürlich verehrten sie weiterhin, wenn auch heimlich, ihre Götter, die die Naturelemente Erde, Himmel, Meer und Wind personifizierten, und trugen um den Hals ihr *tiki,* ein aus Greenstone oder Knochen geschliffenes Amulett.

1858 lebten schon mehr weiße Einwanderer in Neuseeland als Maori, von denen etliche eingeschleppten Epidemien, aber auch blutigen Kämpfen mit den neuen Siedlern zum Opfer fielen. Der Zivilisationsschock tat ein

Der Vertrag von Waitangi

Nahe der Mündung des Waitangi River versammelten sich am 5. Februar 1840 Gouverneur William Hobson und 46 Maori-Häuptlinge zur Unterzeichnung eines Vertrags, der das friedliche und gleichberechtigte Zusammenleben von Maori und weißen Siedlern sichern sollte. Eine Konfrontation wie in Australien mit den Aborigines wollten die Engländer verhindern. Im Wesentlichen ging es darum, dass die englische Krone die Souveränität über Neuseeland erhielt und die Maori als britische Bürger unter ihren Schutz stellte. Im Gegenzug wurden den Maori die Besitzrechte über ihre Ländereien zugesichert, wobei das Vorkaufsrecht bei der Kolonialmacht lag. Danach ging das Dokument auf Reisen, um noch von insgesamt 450 Stammesoberhäuptern im ganzen Land unterzeichnet zu werden. Mit dem »Treaty of Waitangi« war der Staat Neuseeland geboren.

Doch Streit um die Vertragsauslegung war vorprogrammiert, denn die Häuptlinge hatten eine allzu frei in Maori übersetzte Textfassung unterschrieben. Z. B. wurde »sovereignty« übersetzt mit »kawanatanga«, worunter die Maori das »Gouverneursamt« verstanden und nicht den Begriff »Souveränität«. Also sicherten sie der Krone keineswegs die Alleinherrschaft über Neuseeland zu, sondern lediglich das Recht, einen Gouverneur für die weißen Untertanen einzusetzen. Für große Unstimmigkeiten sorgt bis heute die Auslegung der den Maori zugesicherten Land- und Autonomierechte. 1975 wurde ein spezieller Gerichtshof, das »Waitangi Tribunal«, eingesetzt, das die Ansprüche der Maori überprüft und gegebenenfalls Land bzw. dessen Wert in NZ-Dollar zurückerteilt. Die meist sehr komplizierten Verfahren werden noch jahrelang das Gericht beschäftigen.

Übriges: Maori-Frauen wurden sexuell ausgebeutet, die Jungen vergaßen Traditionen, Sprache und Werte ihrer Ahnen, viele Großfamilien brachen auseinander.

Die Renaissance der Maori-Kultur

Dass heute noch ein Maoritum existiert, ist weitgehend einer in den 1970er Jahren einsetzenden Renaissance der Maori-Kultur zu verdanken. Besonders erfolgreich waren Bemühungen, die Sprache wiederzubeleben. 1987 wurde sie, gemeinsam mit Englisch, zur Staatssprache erklärt. Heute lernen 30 000 Vorschulkinder, darunter viele Weiße, Maori in 850 so genannten Sprachnestern, den *kohanga reo,* weitere 20 000 werden in regulären Grundschulen unterrichtet.

Mit dem Tourismus kam auch die Erkenntnis, dass mit der Maori-Kultur gutes Geld zu verdienen ist. Vor allem in und um Rotorua gehören mehr oder weniger authentische Tanz- und Sangesdarbietungen der Folkloregruppen zum Touristenprogramm. Die großen Hotels veranstalten regelmäßig Hangi, bei denen Speisen aus dem traditionellen Erdofen (s. S. 28) serviert werden. Inzwischen sind auch immer mehr Maori-Sippen unter die Veranstalter gegangen und führen Touristen zu Hangi und Folklore an ihr *marae,* ein Gelände mit einem spitzgiebeligen Versammlungshaus, das ansonsten für Fremde tabu ist.

Das Marae

Auf dem Marae wird normalerweise in manchmal tagelangen Sitzungen alles besprochen, was der Sippe am Herzen liegt. Durch die niedrige Tür neben dem einzigen Fenster darf man – nur ohne Schuhe – in das Versammlungshaus eintreten. Im schummrigen Licht des Innenraums scheinen die geschnitzten Fratzen der Holzpfosten lebendig zu werden. Sie verkörpern Geister aus der Mythologie oder bedeutende Ahnen. Die standardisierte Architektur der Maraes symbolisiert den jeweils verehrungswürdigsten Ahnen: Die Giebelbalken über der Tür stellen die Arme dar, der Firstbalken das Rückgrat und die Dachverstrebungen die Rippen. Viele Maori-Schnitzereien mit Ahnenköpfen und Spiralornamenten (als Vorbild dienen die Muster auf den Farnpflanzen) sind wahre Kunstwerke und werden auch heute noch in Werkstätten von geschulter Hand gefertigt. Sie erzählen die Geschichte des jeweiligen Stammes. Meisterschnitzer haben sich in den großen, kunstvollen Kriegskanus verewigt, die bei Feierlichkeiten und wichtigen Jahrestagen eingesetzt werden. Wieder etwas häufiger sichtbar wird heutzutage das *moko,* die Gesichtstätowierung, deren unterschiedliche Ornamente einst den Status einer Person und ihre Stammeszugehörigkeit erkennbar machten.

Maori-Autoritäten

Als oberste Autorität fungiert offiziell die Maori-Queen Te Atairangikaahu vom Stamm der Tainui im Waikato-Gebiet von Ngaruawahia, obwohl sie eigentlich nur von einem kleinen Teil des Volkes, dennoch von der neuseeländischen Regierung anerkannt wird. Besondere Verehrung erfuhr bis zu ihrem Tod 1994 Dame Whina Cooper, eine »Queen«, der Maori wie Pakeha Respekt zollten, weil sie Würde und Zivilcourage hatte – »Mana« – wie es in der Maori-Sprache heißt.

Kultur gestern und heute

Der tägliche Kampf ums Überleben ließ den Menschen der Pionierzeit keine Muße, sich mit schöngeistigen Dingen zu beschäftigen. Man lebte in kargen Holzhütten. Erst 1835 wurde aus groben Felsbrocken das erste Steinhaus erbaut, in Kerikeri in der Bay of Islands. Im Laufe der Jahre nahm der koloniale Baustil nach englischem Vorbild Formen an. Hübsche Holzhäuser mit kleinen Erkern und handgeschmiedeten Verzierungen entstanden. Später setzte sich bei repräsentativen Steinbauten wie Kirchen, Bahnhöfen und Verwaltungssitzen der in viktorianischer Zeit beliebte neugotische Stil durch. Die Wohngebiete der großen Städte wuchsen zu vorzeigbaren Siedlungen mit stattlichen, meist hölzernen Einfamilienhäusern, von denen viele heute liebevoll restauriert werden.

Nach stillosen Bürokästen der 1970er Jahre haben neuseeländische Architekten die Geschäftszentren der Großstädte mit bisweilen futuristischen Glas-Chrom-Konstruktionen verschönt (z. B. Ian Athfield mit dem Michael Fowler Centre, Wellington).

Die Siedler in der Pionierzeit waren Bastler aus der Not heraus. Heute werden die Fertigkeiten von kreativen Kunsthandwerkern kultiviert. Über 5000 Töpfer, Holzschnitzer, Teppichknüpfer, Goldschmiede, Edelsteinschleifer u. a. üben ihr Handwerk heute professionell aus.

Neu entstandene Kulturzentren in den Großstädten stillen den Kulturhunger der Kiwis. Hier werden anspruchsvolle Musikwerke und Theaterstücke aufgeführt, hier treten immer häufiger internationale Künstler auf. Junge Schauspieler und Stückeschreiber werden gefördert.

Zum alle zwei Jahre in Wellington stattfindenden **Festival of Arts** reisen Neuseeländer aus allen Teilen des Landes an. Gigantische Popkonzerte füllen riesige Sportstadien.

Wer als neuseeländischer Künstler groß herauskommen will, muss sich nach wie vor in Übersee messen, entweder in Europa oder den USA. Das erfuhr auch die längst verstorbene Schriftstellerin Katherine Mansfield (1888–1923), die Anfang des 20. Jhs. in Europa mit ihren Kurzgeschichten auffiel. Viele ihrer Werke wurden, ebenso wie die von Keri Hulme (geb. 1947), ins Deutsche übersetzt.

In den letzten 20 Jahren haben neuseeländische Filme den Durchbruch an die Weltspitze geschafft. Die internationalen Erfolge von »Goodbye Pork Pie« und »Once were Warriors« (nach dem Roman von Alan Duff) wurden noch übertroffen von dem im Jahre 1994 mit vier Oscars ausgezeichneten Kinofilm »Das Piano« und 2001 von dem mit vier Oscars ausgezeichneten Filmepos »Herr der Ringe«, dessen drei Teile vom neuseeländischen Regisseur Peter Jackson komplett in seiner Heimat gedreht wurden (Premiere von Teil 3 im Dezember 2003).

Vergnügliche A & P

Neuseeländer feiern gern und oft, irgendwo gibt es immer eine **A & P Show** (Agricultural & Pastoral Show), wie die von einem Volksfest begleiteten Landwirtschaftsveranstaltungen auch genannt werden, und meist steht mindestens ein sportlicher Wettbewerb auf dem Programm, z. B. Holz hacken ...

In Rotorua gibt es die besten Maori-Kulturveranstaltungen

Veranstaltungskalender

▮ **Januar: Summer City Festivals** in vielen Großstädten, besonders in Wellington und Christchurch. Volkstümliche **Pferderennen** in Tauherenikau bei Masterton. **Rodeo** und **Pferderennen** in Glenorchy. **Yacht-Regatta** im Hauraki Gulf von Auckland.

▮ **Februar: Nationalfeier zum Waitangi Day** (6. Febr.) an der Bay of Islands. **Weinfest** in Blenheim. 238 km langer **Coast-to-Coast-Triathlon** von Kumara Beach an der Westküste nach Christchurch an der Ostküste. **Drachenboot-Festival** in Wellington. **Kostümfest** zum »Art déco Weekend« in Napier.

▮ **März: Schafschur-Weltmeisterschaft** in Masterton. Kulinarisches **Wild Foods Festival** in Hokitika. **Maori-Kanu-Regatta** in Ngaruawahia bei Hamilton. **Volksmarathon** in Auckland.

▮ **April: Süßkartoffel-(Kumara-) Festival** in Dargaville. Nostalgisches **Herbstfest** in Arrowtown.

▮ **Mai: Fletcher Challenge Marathon** um den Rotorua-See. **Kiwi-Erntefest** in Te Puke. Große **Aus**stellung von Holzkunsthandwerk in Christchurch.

▮ **Juni: Agricultural Field Days** in Hamilton.

▮ **Juli: Winter-Festival** für Skifans in Queenstown.

▮ **August:** Verrücktes **Mode- und Kunst-Festival (Wearable Arts)** in Nelson. **Bootsmesse** in Wellington.

▮ **September: Schnee-Festival** in Wanaka. **Frühlingsfest** in Alexandra.

▮ **Oktober:** Internationale **Orchideenschau** in Palmerston North. **Rhododendron-Festival** in New Plymouth. **Marathon** in Wanganui. Internationaler **Marathon** über die Harbour Bridge in Auckland.

▮ **November:** Internationale **Meisterschaft im Forellenangeln** in Rotorua. **Goldgräber-Festival** in Otago. **Whitebait & Beer Festival** in Hokitika. **A & P Show** in Christchurch.

▮ **Dezember:** Internationales **Air New Zealand Shell Golf Open** in Auckland. Vorweihnachtliche **Kinder-Straßenumzüge** in allen Großstädten.

Essen und Trinken

Die Zeiten, in denen vorwiegend zu ledernen Fladen gegarte Steaks oder sparsam gewürzter Lamm- oder Hammelbraten auf den Tisch kamen, sind – den aus Europa eingewanderten Köchen sei Dank – vorbei!

Alles frisch

Auf neuseeländischen Feldern gedeihen eine Vielzahl von Obst- und Gemüsearten, von Spinat, Mais und Karotten bis hin zu Zitronen, Kiwis und Avocados. Die Fleischlieferanten, die auf den Weiden grasen, sind zwar immer noch überwiegend Schafe, doch der neuseeländische Gaumen verlangt zunehmend nach Rindfleisch und Wild, so zart wie möglich und raffiniert zubereitet. Dass Reh und Hirsch nicht sehr »wild« schmecken, liegt an der Farmhaltung des Zuchtwildes.

Aus dem Meer

Mit die besten Zutaten kommen aus dem noch beneidenswert sauberen Meer: Langusten (Crayfish), Krebse, Austern und Green Lipped Mussels, eine heimische Muschelart, deren Schalen außen grün gefärbt sind. Nicht zu vergessen die 80 verschiedenen Fischarten von Blue Cod bis Hoki, die fangfrisch in den Einzelhandel kommen. In der Regel wird Fisch ohne Kopf, filetiert und sorgfältig entgrätet, serviert. Bis auf Forellen! Die kann man im ganzen Land weder im Laden kaufen noch im Restaurant bestellen. Um den Bestand zu schützen, dürfen die schmackhaften Fische nur für den Eigenbedarf geangelt werden.

Innovative Restaurantszene

Die Restaurantszene hat sich sichtbar und schmeckbar gemausert, auch wenn sich die zahlreichen Take-aways mit den typischen Fish 'n' Chips- und Burger-Angeboten bei den preisbewussten Kiwis großer Beliebtheit erfreuen. Viele der ehemals dunklen konservativen Speiselokale wurden in lichtdurchflutete Cafés, peppige Bistros oder avantgardistische Espresso-Bars umgestaltet. So manches Restaurant besticht durch eine neue Sachlichkeit in der Einrichtung und geschickt eingesetzte Lichteffekte. Mit inzwischen vielen hervorragenden Küchenchefs hat die neuseeländische Kochkunst deutlich an Selbstbewusstsein gewonnen, was sich in mutigen Kreationen äußert: Probieren Sie zum Beispiel in Basilikum geräucherten Lachs mit Wasabi (grüner Meerettich)-Dillsauce, garniert mit Tofu, Kapern und Gurken. Vor allem Lunch wird mit einfallsreichen Sandwiches und Pies zum einem preiswerten Vergnügen.

Schleckermäulchen werden auch auf den Nachtisch nicht verzeichten wollen, z. B. nicht auf die ausgesprochen sahnige neuseeländische Eiscreme, die es in ganz ungewohnten Geschmacksrichtungen gibt, von Baumtomate bis Lakritz.

Im Zuge des gastronomischen Umwandlungsprozesses beschaffen sich immer mehr Restaurants eine Alkohollizenz (lic) und lassen »BYO« (»Bring Your Own«, das Mitbringen eigener alkoholischer Getränke) nicht mehr zu. Heißt es jedoch »byo/lic« oder »Byo wine only« werden Bier oder Wein serviert, man darf aber auch seinen Lieblingswein mitbringen.

Vorsicht, wenn Sie mit einer kleinen Gruppe Essen gehen: In den meisten Restaurants gibt es nur »one account per table« (eine Rechnung pro Tisch).

Traditionelles Maori-Hangi

Aus dem Erdofen

Sind Sie bei einem Maori-Clan zum *hangi* geladen, bringen Sie viel Zeit und Appetit mit. Die traditionelle Zubereitungsart im Erdofen wird von den Maori heute nur noch anlässlich eines üppigen Festmahls angewandt. Süßkartoffeln sowie große Fleisch- und Gemüsestücke, jeweils in Blätter eingewickelt, garen unter einer Erdschicht im Dampf angefeuchteter Säcke, die auf zuvor erhitzten Steinen liegen.

Tea time

Werden Sie in Neuseeland zum »Tea« eingeladen, wartet ein warmes Abendessen auf Sie. Sollen Sie zu »a cuppa« hereinschauen, gibt's nur eine Tasse Kaffee oder Tee. Zuhause wird Tee noch immer nach englischem Vorbild zelebriert und am Nachmittag mit Gebäck, den Scones oder Muffins, gereicht. Im Kaffeekochen erwiesen sich

die italienischen Einwanderer als gute Lehrmeister. Fast überall bekommt man heute tiefschwarzen Espresso oder cremigen Cappuccino.

Für Kenner

Kleine Brauereien, so genannte Boutique-Breweries, oft mit eigenem Pub, haben Biertrinken zur Kultur werden lassen.

Neuseeländische **Weine** können selbst passionierte Biertrinker in Liebhaber der vergorenen Traubensäfte verwandeln. Vielleicht liegt es am typischen fruchtigen Geschmack, der sonst keinem Wein auf der Welt anhaftet. Die Weinsorten klingen vertraut: Müller Thurgau, Sauvignon Blanc, Chardonnay, Riesling und Gewürztraminer. Doch beim Verkosten nehmen die Geschmacksnerven deutliche Unterschiede wahr. Der meist in Eichenfässern gereifte neuseeländische Chardonnay liegt z. B. schwerer und erdiger auf der Zunge als sein französischer Namensvetter, und der Gewürztraminer kommt ohne den aromatischen Beigeschmack aus, der dem Wein im Elsass eigen ist. Es waren vor allem aus Deutschland und Österreich stammende Winzer, die Neuseeland als Weinanbaugebiet entdeckt haben. 15 000 Tonnen Trauben jährlich werden allein in der sonnigen Marlborough-Region auf der Südinsel geerntet, und selbst im nordwestlichen Stadtgebiet von Auckland gedeihen hervorragende Rebsorten.

Heimisches Mineralwasser hat schließlich doch importierten französischen Plastikflaschen den Rang ablaufen können – in einigen Regionen Neuseelands schmeckt's sogar aus der Leitung, als wäre es bestes Tafelwasser.

Urlaub aktiv

Wandern

Neuseeland ist ein ideales Land für Wanderer. Dem Thema ist daher ein Special gewidmet (s. S. 6/7).

Sie brauchen festes Schuhwerk, wind- und wasserabweisende Kleidung, Sonnenbrille und Kopfbedeckung sowie einen warmen Pullover für Kälteeinbrüche. Wer unterwegs übernachten will, muss Schlafsack, Kochgeschirr, evtl. Kocher und Zelt, auf jeden Fall Verpflegung für die gesamte Wanderung mitnehmen. Auch für Tageswanderungen gehört ausreichend Trinkwasser (s. S. 98) in den handlichen Rucksack. Zudem eine Wanderkarte, eine Plastiktüte für den Abfall, Insektenschutzmittel, Toilettenpapier und ein kleines Erste-Hilfe-Set.

! Ein kleiner Sender (beacon), den man mieten kann, soll helfen, in Not geratene Wanderer schneller im Busch ausfindig zu machen (Informationen über das DOC. s. S. 6/7). Und machen Sie einen großen Bogen um Wespennester. Die stechlustigen Insekten sind in vielen Nationalparks zur Plage geworden.

In der Reihe **Abenteuer Trekking** (Bruckmann Verlag, München) beschreibt Armin Brunner 50 Wander-Routen durch Neuseeland.

Biking

Das windige und regnerische Wetter kann einem den Spaß ganz schön verleiden. Wer sich auch durch hügelige und kurvenreiche, manchmal schmale Straßen und unerfahrene Wohnmobilfahrer nicht aus der Ruhe bringen lässt, wird die Fahrt genießen. Einige Veranstalter bieten empfehlenswerte

Es gibt fast keine sportlichen Aktivitäten, die es nicht gibt!

Fahrradreisen mit Begleitbus an. Oder man mietet sich für Ausflüge ins Gelände ein Mountainbike.

Tauchen

Die Poor Knights (bei Whangarei) sind das beliebteste Tauchgebiet. Gesunkene Schiffe locken in der Matauri Bay nordwestlich der Bay of Islands (Wrack des Greenpeace-Schiffs »Rainbow Warrior«, s. S. 55) und der Marlborough Sounds (das russische Kreuzfahrtschiff »Mikhail Lermontov«).

Segeln

Der Hauraki Gulf (Auckland) und die Bay of Islands sind die schönsten Reviere. Segelboote für sechs Personen kosten je nach Saison zwischen 400 und 600 NZ $ pro Tag.

Abseiling

100 m senkrecht seilt man sich in das grandiose Magapu-Höhlensystem in Waitomo ab (**Lost World Adventures,** Tel. 07/878 7640, www.waitomo.co. nz). Mit Training dauert der bizarre Ausflug mindestens einen Tag.

Auf ins nasse Vergnügen

Paragliding

Das Panorama des Lake Wanaka vor Augen, wird die »einfachste Art zu fliegen« zum atemraubenden Erlebnis. Tageskurs um 135 NZ $. (**School of Paragliding,** Wanaka, www.wanaka paragliding.co.nz).

Bungy Jumping

Der Sprung in die Tiefe, gehalten von einem elastischen Seil, ist vielerorts möglich: von Brücken über dem Shotover River (in Queenstown) bzw. von einer Plattform über dem Lake Taupo.

Rafting

Mit dem Schlauchboot (bis zu 8 Insassen) wilde Wasser hinunterschießen – in Neuseeland wird das fast an jeder Ecke angeboten. Die aufregendsten Flüsse sind der Kawarau und der Shotover (Queenstown) sowie der Kaituna River (Rotorua).

Jet Boating

Die rasend schnellen und wendigen Boote ohne Tiefgang sind eine neuseeländische Erfindung. Die spektakulärsten Trips finden auf dem Shotover River (Queenstown) statt.

Golf

Der Volkssport wird auf rund 400 Plätzen ausgeübt. Gastspieler sind überall willkommen, die Ausrüstung kann preiswert geliehen werden.

Reiten

Die Szenerie für einen (auch mehrtägigen) Ausritt ist im Queenstown Lakes District am reizvollsten, z. B. im Hochland der Crown Range, Region Wanaka–Queenstown (**High Country Appaloosas,** Tel. 03/ 443 8151, www. ridenz.com/backcountry).

Wintersport

Beliebte Skigebiete sind Whakapapa und Turoa (beide am Mt. Ruapehu) auf der Nordinsel. Die übrigen liegen auf der Südinsel: Rainbow Valley (Marlborough), Mount Lyford (North Canterbury) und Porter Heights (Mid Canterbury) für Anfänger, die Könner zieht es zum Mount Hutt (bei Methven), Mount Dobson und nach Ohau (beide South Canterbury), nach Cardrona und Treble Cone (beide bei Wanaka), zum Coronet Peak und in die Remarkables (beide bei Queenstown). Die Skigebiete – immer oberhalb der Baumgrenze – sind weitläufig: ideale Bedingungen v. a. für die zahlreichen Snowboarder. Die Schneefallgrenze liegt meist bei 1000 m. Die schneesicherste Zeit sind die Monate Juli, August und Septemter. Ausrüstung kann geliehen werden.

Populär ist Heli-Skiing am Mount Hutt und ab Wanaka. Bis zu 680 NZ $ pro Tag zahlt man für drei bis fünf Abfahrten im unberührten Schnee. Die längste Abfahrt führt über 24 km den Tasman Gletscher hinab. Bekannt für seine ausgezeichnet geführten Ski-Touren ist der Deutsche Gottlieb Braun-Elwert (**Alpine Recreation Canterbury,** Lake Tekapo, Tel. 03/ 680 6736, www.alpinecreation.co.nz).

Unterkunft

Internationale Hotels gibt es nur in Auckland, Rotorua, Wellington, Christchurch und Queenstown. Sie gehören durchweg zur höchsten Preiskategorie, bieten aber häufig (v. a. am Wochenende) Zimmer günstig (100–150 NZ $) an – fragen Sie nach der »best available rate« oder nach »specials«.

Billiger schlafen Sie in **Motels** und **Motor Inns.** Die Zimmer haben häufig eine kleine Küche. Das Angebot ist zwar groß, doch kann es von Dezember bis März v. a. an Wochenenden in Taupo, an der Westküste der Südinsel oder in Napier zu Engpässen kommen. Der Kauf des Passes einer Hotelkette garantiert gleich bleibende Qualität entlang der Hauptrouten (z. B. Flag, gebührenfrei in Deutschland: Tel. 01 30/ 84 24 00, www.flagchoice.com.au), ist aber nicht unbedingt kostengünstiger als die Buchung vor Ort.

Bezahlbar und urgemütlich sind die historischen kleinen Häuser, die sich zu den **Heritage Inns** zusammengeschlossen (www.heritageinns.co.nz) haben. Broschüren gibt es in den Visitor Information Centres.

Bed & Breakfast bietet für 60 bis 120 NZ $ (teilweise bis 200 NZ $) pro Zimmer viel persönliche Kiwi-Atmosphäre. Das Angebot ist riesig, ein umfangreiches Nachschlagewerk gibt's in Buchhandlungen.

Eine neuseeländische Spezialität sind die **Pub Beds:** Einfache, allerdings nicht immer ruhige Zimmer über dem örtlichen Pub. Sie kosten um die 35 NZ $ pro Person. Doch Vorsicht: Wenn Sie auf der Straße nach einem Hotel fragen, bekommen Sie die Beschreibung zum nächsten Pub, und dort muss es nicht unbedingt Unterkunftsmöglichkeiten geben!

Urlaub auf dem Bauernhof heißt in Neuseeland **Farmstay** oder **Homestay.** Informationen und ein Verzeichnis bekommen Sie bei Rural Holidays, Christchurch (Tel. 03/366 1919, www.ruralhols.co.nz). Rural Tours bietet einen Pass für Aufenthalte auf Farmen an (Tel. 07/827 8055).

Mitglied des Jugendherbergsverbandes zu werden (keine Altersbeschränkung), lohnt sich schon wegen diverser Vergünstigungen während der Reise. Die Hostelling International Card kostet 26 NZ $; es genügt auch der internationale Jugendherbergsausweis. Auskünfte erteilt die **Youth Hostel Association** (Christchurch, P. O. Box 436, Tel. 03/379 9970, www.youtrek.com/hostels.htm).

Sehr verbreitet sind auch die **Backpacker Lodges,** wo Sie rund 16 NZ $ pro Bett bezahlen. Die französische Kette Accor hat in Auckland und Christchurch Backpacker-Hotels eröffnet, preiswert und gut.

Campingplätze gibt es zahlreich, die meisten liegen landschaftlich sehr reizvoll und vermieten auch preiswerte Tourist flats und Cabins. Flats besitzen meist eine eigene Küche sowie ein Bad, Cabins sind spartanisch nur mit zwei, drei oder vier Betten ausgestattet. WC und Dusche muss man sich in der Gemeinschaftsanlage mit anderen teilen (30–60 NZ $ für zwei Personen). Bringen Sie am besten entweder einen Schlafsack oder Betttücher mit. Zwei Personen und ein Wohnmobil zahlen 20–24 NZ $. Die Campingplätze des DOC sind naturnah, d. h. sie haben sehr wenig Komfort. Am besten ausgestattet sind die Plätze der Top-Ten-Gruppe (www.top10.co.nz). Wenn es nicht ausdrücklich verboten ist, kann außerhalb von Campingplätzen im Wohnmobil übernachtet werden. Fragen Sie aber um Erlaubnis, wenn ein Wohnhaus in der Nähe steht.

Reisewege

Anreise

Die Reise dauert ca. 23 Flugstunden – ob über Asien (Ostroute) oder Amerika (Westroute). Täglich gibt es One-stop-Verbindungen von Frankfurt/M. nach Auckland und Christchurch. Auf Direktflüge mit LH/Air New Zealand über Los Angeles dürfen pro Person zwei Gepäckstücke mit je maximal 32 kg mitgenommen werden. Angenehm sind Stopovers: auf der Westroute Vancouver, Los Angeles oder Hawaii, auf der Ostroute Seoul, Hongkong, Bangkok, Singapur oder Bali. Erkundigen Sie sich bei Air New Zealand nach Flugpässen, die Inlandsflüge bis zur Hälfte verbilligen, aber in Europa gekauft werden müssen.

▌ **Air New Zealand,** Kettenhofweg 51, 60326 Frankfurt/M., Tel. 0 69/ 97 14 03–0 (gebührenfrei in D: Tel. 08 00/ 181 77 78), www.airnz.co.nz.

Reisen im Lande

Mit Bahn, Fähre und Bus

Züge verbinden auf der Nordinsel Auckland und Wellington (The Overlander, The Northener), Auckland und Rotorua (The Geyserland Connection) sowie Palmerston North und Wellington (The Capital Connection); auf der Südinsel Picton mit Christchurch (TranzCoastal) sowie Christchurch mit Greymouth (TranzAlpine).

Nord- und Südinsel sind nur per **Fähre** miteinander verbunden. Reservieren Sie für die Hauptreisezeit (Dez. bis 15. Febr.) schon von Deutschland aus, in der übrigen Zeit möglichst eine Woche vorher (es sei denn, man wechselt in Picton bzw. Wellington den Mietwagen). Der Katamaran »Lynx«

braucht nur 2 Std. 15 Min. (statt über 3,5 Std.), ist aber ca. 20 % teurer (Inter Island Line, Tel. 08 00/802 802, www.tranzrail.co.nz). Der »Foveaux Express« verbindet Bluff (Südinsel) mit Stewart Island (s. S. 95).

Busse sind das preiswerteste Verkehrsmittel. Reiseveranstalter geben Auskünfte über die verschiedenen Bus-Pässe (einige müssen im Heimatland gekauft werden). Mit diesen Pässen kann man auch Fähren, Bahnen und Busse benutzen (Infos: www. intercitycoach.co.nz, www.travelpass. co.nz). Sogenannte Backpacker-Busse sind für junge Leute eine gute Alternative zum »hitchhiking« (z. B. Kiwi Experience, Tel. 09/ 366 9830, www.kiwiexperience.com).

Mit dem Flugzeug

Ende 2002 wurde bekannt gegeben, dass Qantas sich an Air New Zealand beteiligt – Auswirkungen noch unbekannt, denn die Airlines waren zuvor erbitterte Konkurrenten: Erst Mitte 2002 purzelten die Preise für Inlandsflüge, richtete Air New Zealand (Tel. 0800/737 000, www.airnz.co.nz) die besonders preiswerte »Express Class« ein. Auch die NZ-Tocher »Freedom Air« (Tel. 0800/600 500, www.freedomair. com) kämpfte gegen die junge Konkurrenz von »Qantas New Zealand« (Tel. 0800/767 400, www.qantas.co. nz), die, im code sharing mit »Origin Pacific« (Tel. 0800/302 302, www. originpacific.co.nz) Kampfpreise anbot. Ob der bereits in Australien äußerst erfolgreiche Billigflieger »Virgin Blue« (www.virginblue.com) nun in den Neuseeland-Markt drängen wird, ist zur Zeit in der Diskussion.

Mit dem Mietfahrzeug

Populär sind Reisen mit dem **Wohnmobil.** Ein Vier-Bett-Camper kostet 150–240 NZ $ pro Tag (plus Versiche-

Ideal in Neuseeland:
Reisen mit dem Wohnmobil

rung, ca. 17 NZ $ mit bzw. 35 NZ $ ohne Selbstbeteiligung). In der Nebensaison (April–Okt.) geht es bis zu 30 % billiger– in der kühleren Jahreszeit sind die mäßig isolierten Wohnmobile aber weniger komfortabel.

Viele kleine Anbieter offerieren 3 bis 4 Jahre alte **Pkws** (Rent-a-Dent) schon für ca. 40 NZ $ pro Tag (inklusive Versicherung). Preisvergleiche können durchaus sparen helfen (z. B. Apex Car Rentals, Christchurch, Tel. 03/379 6897, www.apexrentals.co.nz; Airport Car Rentals, Auckland, Tel. 09/ 263 6052, Fax 263 6042). Internationale Vermieter verlangen für allerdings neue Wagen etwa 30 % mehr (ab 22 Tage Mietdauer sind bis zu 20 % Rabatt üblich). Ein nationaler Führerschein genügt, ein internationalen erspart aber evtl. Unannehmlichkeiten.

Super-Benzin kostet um 1,20 NZ $ pro Liter, Diesel rund 90 cents. Einweg-Mieten sind in Neuseeland sinnvoll (z. B. von Auckland nach Christchurch). Einige Pkw-Vermieter bieten einen Fahrzeugwechsel in Picton oder Wellington an. Das spart die Kosten für die Fährüberfahrt (ca. 135 NZ $).

Mit dem Mitgliedsausweis eines europäischen Automobilklubs kann man von AA-Klubs ebenfalls Unterstützung erwarten (AA, 99 Albert Street, Auckland, Tel. 09/377 4660; 210 Hereford Street, Christchurch, Tel. 03/ 379 1280; www.nzaa.co.nz).

Wer auch Nässe gut ertragen kann, ist auf den kurvigen Straßen Neuseelands bestimmt gerne mit dem **Motorrad** unterwegs (u. a. Eric Wood Motorcycles, 35 Manchester Street, Christchurch, Tel. 03/366 0129, www.ericwood.co.nz).

! Verkehrsregeln: Linksverkehr, aber »rechts vor links«, z. B. an Kreuzungen. Sehr gewöhnungsbedürftig: Wenn Sie an einer Kreuzung nach links in eine Strasse fahren möchten, hat das Ihnen entgegenkommende Fahrzeug, das nach rechts in dieselbe Straße einbiegen will, Vorfahrt (soll sich ändern, fragen Sie bei Ihrem Autovermieter). Anschnallpflicht, Höchstgeschwindigkeit 100 km/h, in Ortschaften 50 km/h. Auf einem »Clearway« darf zu den auf dem jeweiligen Schild angegebenen Zeiten nicht gehalten werden. Ziffern unter einem blauen »P«-Schild zeigen an, wie lange man parken darf. LSZ (»limited speed zone«): Bei schlechten Wetterbedingungen oder wenn Kinder am Fahrbahnrand stehen, dürfen 50 km/h nicht überschritten werden! Geschwindigkeits- und Alkoholkontrollen sind häufig, die Promillegrenze liegt bei 0,5. Verlassen Sie sich nicht auf Blinkzeichen eines vor Ihnen fahrenden Lkw, wenn Sie überholen wollen – links blinken kann nämlich auch bedeuten: Bleib in deiner Spur.

Stadtverkehr
Der Taxi-Tarif liegt etwas niedriger als in Deutschland, der Busverkehr ist in den größeren Städten gut ausgebaut. In Wellington, Auckland, Rotorua, Christchurch und Queenstown fahren spezielle Sightseeing-Busse die wichtigsten Touristenattraktionen ab.

Auckland

Neuseelands ganzer Stolz

Die Metropole mit der Wespentaille, dem schmalen Isthmus zwischen Pazifik und Tasman Sea, hat die höchsten Immobilienpreise im ganzen Land. Doch das hält den Zustrom von Neubürgern nicht auf. Statistisch gesehen lebt etwa jeder dritte Neuseeländer in Auckland. Bis zu 70 km von der City entfernt liegen heute schon die Wohnsiedlungen der Großstadt. Der verhältnismäßig hohe Maori-Anteil und die zahlreichen Einwanderer von den pazifischen Inseln haben Auckland zur größten polynesischen Stadt der gesamten Pazifikregion anwachsen lassen. Den mit Abstand besten Eindruck macht Auckland an einem schönen Sommertag von der Wasserseite aus: Dann schillern Glas und Chrom der Skyline, vom gleißenden Sonnenlicht angestrahlt. Davor, im Hafen, blendet das grelle Weiß der zahllosen, an den Stegen eng vertäuten Segelboote, die der Stadt ihren Kosenamen gaben: City of Sails, »Stadt der Segel«.

Das milde Klima, die fruchtbaren Vulkanböden und die fischreichen Küstengewässer in der Region Auckland brachten schon die Maori dazu, sich hier niederzulassen.

Als der Landstrich 1840 von den Europäern zum Standort der neuen Hauptstadt bestimmt wurde, trafen die englischen Siedler nur noch wenige Maori an. »Auckland« sollte das zentrale Verwaltungszentrum des Landes heißen, nach dem britischen Kriegshelden Lord Auckland. Die Siedlung wuchs rasch, und der Handel florierte. Damit war die koloniale Keim-

Sky Tower

zelle im entlegenen Norden an der Bay of Islands mitsamt Neuseelands erster Hauptstadt Okiato bzw. Russell zur provinziellen Bedeutungslosigkeit verurteilt. Zum Leidwesen der Auckländer durften sie sich nur 25 Jahre lang mit dem Titel »Hauptstadt« schmücken: 1865 wurde Wellington zum Regierungssitz Neuseelands erklärt, ein Tatbestand, der einen bis in die Gegenwart andauernden Wettstreit der rivalisierenden Metropolen ausgelöst hat. Doch der Gesichts- und Machtverlust ließ sich leichter ertragen aufgrund der üppigen Goldfunde auf der nahe gelegenen Coromandel-Halbinsel. Sie brachten Reichtum und Wohlstand in die aufstrebende Hafenstadt, die als Geschäfts- und Handelszentrum immer wichtiger wurde. Mit der imposanten, 1150 m langen **Harbour Bridge** über die Hafengewässer Aucklands wurde endlich auch das bis dahin schwer zugängliche Northland verkehrstechnisch angebunden. Die 1959 fertig gestellte Brücke wurde später seitlich um je zwei Fahrspuren erweitert – von japanischen Konstrukteuren, weshalb sie den Spitznamen »Nippon clip-on« bekam.

Tipp Wer will, kann die Brücke in 2,5 Std. auch besteigen **(Auckland Bridge Climb,** Tel. 0800-000 808, www.aucklandbridgeclimb.co.nz).

In der Innenstadt

Das *National Maritime Museum ❶ veranschaulicht in zentraler Downtown-Lage im Americas Cup Village an der Wasserfront die traditionsreiche Geschichte der Seefahrt im Pazifik. Zu sehen sind alte Auslegerkanus der Südseeinsulaner ebenso wie eine ehemalige an Neuseelands Küste betriebene Walfangstation und KZ 1, die America's-Cup-Yacht (Eastern Viaduct, Quay St, tgl. 9–18 Uhr). Mit einem kleinen Frachter können Sie eine kurze Hafentour machen (tgl. 11.30–13 Uhr).

Die Grünanlage *Auckland Domain ❷ mit weitläufigen Rasenflächen und mächtigen knorrigen Bäumen ist der älteste Park der Stadt. Oben auf der Hügelkuppe wurde hier 1929 das **War Memorial Museum eröffnet. Ein imposanter Steinbau erinnert an die neuseeländischen Soldaten, die in beiden Weltkriegen auf der Seite der Alliierten ums Leben kamen. Die mit Abstand interessanteste Abteilung zeigt alte Gebrauchs- und Kultgegenstände aus der Maori-Welt, u. a. ein stolzes Kriegskanu. (Tgl. 10–17 Uhr.)

Tipp Täglich finden um 11, 12 und 13.30 Uhr Konzerte mit traditionellen Tänzen und Gesängen statt.

Etwas versteckt am Rand des Einkaufszentrums um die Queen Street beherbergt der bescheidene Bau der *City Art Gallery ❸ die größte Samm-

lung neuseeländischer Maler, darunter die von weitem wie Fotografien anmutenden Maori-Porträts des 1839 in Böhmen geborenen Malers Gottfried Lindauer (Wellesley/Kitchener St., tgl. 10–18 Uhr).

Die New Gallery mit dem ausgezeichneten Restaurant **Paramount** ist gleich nebenan.

Ein beliebtes Highlight der Stadt ist **Sky City ❹**, ein riesiger Casino-Komplex mit Hotel und vier Restaurants. Vom 328 m hohen Sky Tower bietet sich ein traumhaftes Panorama (Hobson/Victoria Sts.). In der Planung ist ein Bungy Jump vom Turm.

❶ National Maritime Museum
❷ Auckland Domain
❸ City Art Gallery
❹ Harrah's Sky City

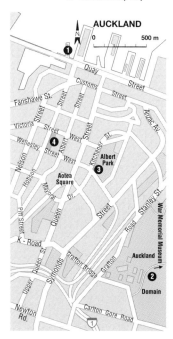

AUCKLAND

Seite 36

In den Vororten

Attraktion auf dem Ausstellungsgelände des *Museum of Transport and Technology (MOTAT) ❺ westlich des Zentrums ist zwischen Oldtimern, alten Dampfloks und Postkutschen das Fluggerät des Neuseeländers Richard Pearce, der fast zeitgleich mit den Wright-Brüdern mit Motorhilfe geflogen sein soll (Great North Rd., Western Springs, tgl. 10–17 Uhr).

Östlich der City liegt das gemütliche und charmante Stadtviertel *Parnell ❻ entlang der Parnell Road. In hübsch restaurierten Bauten aus der Jahrhundertwende haben sich heute schicke Restaurants, hypermoderne Bistros, junge Modemacher, Kunsthandwerker und allerhand originelle Kramläden eingerichtet.

❺ Museum of Transport and Technology
❻ Parnell
❼ Kelly Tarlton's Underwater World

Blickfang auf der Parnell Road ist *Parnell Village. Viktorianisches Flair verbreitet das kleine, verschachtelte, hölzerne Shopping-Centre. Einige Bauten von echtem historischen Wert blieben dem Stadtteil Parnell erhalten, wie z. B. das *Ewelme Cottage (14 Ayr Street, tgl. 10.30–16.30 Uhr) aus Kauri-Holz, *St. Stephen's Chapel (St. Stephens/Parnell Road) und das **Kinder House (2 Ayr Street, tgl. 10.30–16.30 Uhr), von Reverend John Kinder 1857 errichtet.

Über den Tamaki Drive kommen Sie zur **Kelly Tarlton's Underwater World ❼. Ein 120 m langer Acryltunnel macht das Unterwasseraquarium an der Orakei Wharf wirklich sehenswert. In der natürlich anmutenden Unterwasserwelt der großen Tanks schwimmen gewaltige Rochen, Haie und Riesenschildkröten dicht über den Köpfen der Besucher, die per Laufband durch das Aquarium bewegt werden. Im gleichen Komplex wird im *Antarctic Encounter auch die Welt des Südpols nachgestellt. (23 Tamaki Dr.; tgl. 9–21 Uhr, März–Okt. 9–18 Uhr.)

Noch ein Stück östlicher erstrecken sich die *Mission Bay und St. Heliers Bay. Hier treffen sich die Aucklander zum Joggen, Baden und Dinieren.

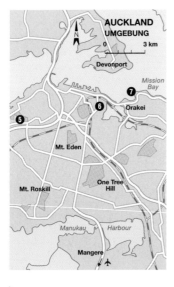

*Hauraki Gulf Maritime Park

Von den 46 Inseln des Meeresparks sind Waiheke, Great Barrier Island, Tiritiri Matangi und Kawau Island (Fahrten auch von Sandspit/Warkworth aus) aufgrund ihrer Fauna und Flora besonders interessant. Auf Rangitoto, dem jüngsten Vulkan Aucklands, können Sie durch Neuseelands größten Pohutukawa-Wald wandern. (Infos: Fullers Auckland, Ferry Bldg., Quay St., Tel. 09/367 9111, www.fullers.co.nz.)

Tipp Schon während einer Fährüberfahrt (tgl. alle 10–30 Minuten) vom Ferry Building durch den Waitemata-Hafen nach ***Devonport** (mit guten Restaurants und Geschäften entlang der Victoria Street) genießt man einen interessanten Blick auf die Skyline Aucklands.

Ausflüge

Versäumen Sie nicht, einen Tagesausflug in die **Waitakere Ranges** an der Westküste des Stadtgebiets zu machen. Das Naturschutzgebiet mit seinen mächtigen Kauri-Bäumen, dem Regenwald und der rauen Küste erreichen Sie über den Stadtteil Titirangi. Am Beginn des Scenic Drives (nach ca. 4 km) befindet sich das Arataki Park Information Centre (Tel. 09/817 7134). Mit dem ausgezeichneten Informationsmaterial erreichen Sie Karekare (wenn Sie dort vom Scenic Drive zunächst in die Piha Rd., dann nach ca. 6 km in die Lone Pine Kauri Road einbiegen, kommen Sie zum Strand, wo die Szenen für den Film »Das Piano« gedreht wurden) und die vor allem am Wochenende stark besuchten Strände von Piha.

Nördlich der Ranges lockt im Woodhill Forest am **Muriwai Beach** eine große Tölpel-Kolonie (Gannets). Geführte Touren (auch in deutscher Sprache) bietet Kees Gorter an der Westküste an (Tel./Fax 09/838 5550).

Infos

Vorwahl: 09

i **Visitor Information,** 291–297 Queen St., Tel. 366 6888, Fax 366 6893, www.aucklandnz.com. Die Broschüre »A–Z Auckland« gibt es auch in deutscher Sprache. Eine weitere Visitor Information befindet sich im America's Cup Village.

Seite 36

■ **DOC** (Department of Conservation), Ferry Bldg., Quay St., Tel. 307 9279, Fax 377 2919, www.doc.govt.nz.

Flughafen: Neuseelands Gateway zur Welt liegt eine halbe Fahrstunde südwestlich der Innenstadt. Ein Taxi kostet rund 35 NZ $; preiswerter ist der Airbus, der alle 20 Minuten fährt (13 NZ $ einfach).

Busverbindungen: Mit dem **United Explorer Bus** fährt man an einem Tag bequem Aucklands wichtigste Sehenswürdigkeiten ab (25 NZ $). Jeweils zur vollen Stunde (10–16 Uhr) fährt der Doppeldecker-Bus am Ferry Building (Quay Street) ab; wenn man aussteigt, hat man mindestens eine Stunde Zeit für den Besuch von Underwater World, Auckland Museum, Parnell Village, Victoria Park Market und Hobson Wharf.

Preiswerter und schneller aber ist der **Link Bus,** der auf seinem City Loop die wichtigsten Sehenswürdigkeiten erreicht (außer Kelly Tarlton; Tagesticket 8 NZ $).

Fähren verkehren regelmäßig zwischen Devonport, Waiheke Island, Rangitoto Island und Great Barrier Island. Die Abfahrt erfolgt am Ferry

Von Küste zu Küste

»Coast to Coast« heißt der 13 km lange Wanderweg zwischen dem Pazifischen Ozean und der Tasman Sea quer durch die Stadt, Mt. Eden, den schönsten Aussichtspunkt Aucklands, inbegriffen. Einen Plan für die rund vierstündige Wanderung hat die Visitor Information.

Building, Quay Street, am Ende der Queen Street in Downtown Auckland. Hier sowie im Downtown Terminal (schräg gegenüber) und im America's Cup Village (Viaduct Quay) befinden sich auch die Büros von Segelboot-Charterfirmen, die Kreuzfahrten im Hauraki Gulf unternehmen.

Quay West Apartments, 8 Albert St., Tel. 302 6000, www.mirvac.com.au. Riesige Zimmer mit Blick über den Hafen. Fragen Sie nach der »Leisure Rate«. ○○○

▪ **Ascot Parnell,** 36 St. Stephens Ave., Tel. 309 9012, www.ascotparnell.com. Gemütliches Bed & Breakfast, zentral. ○○–○○○

▪ **Bavaria Guest House,** 83 Valley Rd. (Mt. Eden), Tel. 638 9641, http://babs.co.nz/bavaria. Gemütliches Bed & Breakfast, deutsche Besitzer. ○○

▪ **Auckland Central Backpackers,** 9 Fort St., Tel. 358 4851, www.acb.co.nz. Gute Info-Börse und Reisebüro für Rucksackreisende. ○
Camping: North Shore Caravan Park, 52 Northcote Rd., Takapuna (nahe dem Hwy. 1), Tel. 419 1320, Fax 480 0435. Sehr sauberer Platz mit guten Cabins.

Ausgezeichnete Restaurants befinden sich an **Parnell** und **Ponsonby Road.** Am **Viaduct Quay** (gegenüber Maritime Museum) gibt es den besten Fisch im Kermadec (○○○). Um die Ecke, im **America's Cup Village,** ist die Auswahl an Restaurants ebenfalls groß. Zum Lunch empfehlen sich in der City Restaurants an **High Street.** und **Lorne Street.** An der **Vulcan Lane** (zwischen High St. und Queen St.) produziert die **Sushi Factory** (○) preiswert die leckeren Reishappen mit rohem Fisch am Fließband. Weitere Tipps:

Loaded Hog – auch nachts ein beliebter Treff

▪ **Antoine's,** 333 Parnell Rd., Tel. 379 8756. Für Feinschmecker. ○○○

▪ **Esplanade Hotel,** Victoria Rd., Devonport, Tel. 445 1291. Einfallsreiche Küche, gemütliches Ambiente, direkt am Fähranleger. ○○-○○○

Tipp Im **Net Central Cybercafé** (5 Lorne St.) kann man gemütlich im Internet surfen und E-Mails schreiben (ca. 2 NZ $ pro 15 Min.).

Rund um das **Viaduct Basin/ Americas Cup Village** an der Auckland Waterfront herrscht gepflegtes Nachtleben. Im **Loaded Hog** ist die Musik laut und die Bierauswahl groß, am neuen **Prince's Faire** (Teil von Prince's Wharf) haben Cafés und Kneipen bis in die späte Nacht geöffnet. Die **Karangahape Road** entwickelt sich vom Rotlichtviertel zur trendy Kneipenmeile (z. B. **Monkey Bar,** 469 K-Road), an der Queen Street sorgt das Kino-Centre **Metro Sky City** (inkl. **Planet Hollywood Restaurant**) für mehr Lebendigkeit. Angesagte Straßen für einen Kneipenzug: **Parnell Road** und **Ponsonby Road.**

Wellington

The Windy Capital

Wenn nicht gerade die berüchtigten »Roaring Forties« zwischen den Hügeln und Häuserzeilen der Südwestspitze der Nordinsel stürmen, lässt die Stadt um die ausgedehnte Hafenbucht ungehemmt ihren Charme spielen. Dann sitzen schon mittags fröhliche, modisch gekleidete Menschen in den Cafés und Restaurants am Wasser und beobachten die schnittigen weißen Segelboote. Ist es gar Freitag, hält es am Nachmittag keinen mehr in den Innenstadt-Büros. It's Weekend. Und das stimuliert die Lebenslust der Wellingtonians ungemein. Was spricht mehr für deren Genussfreudigkeit, als dass 375 000 Einwohner über 300 Restaurants zur Auswahl haben?

Bereits 1839 hatte die New Zealand Company in der Ebene des heutigen Vororts Petone den Grundstein für Wellington gelegt. Später ließen Siedler sich um den von Hügeln eingefassten Port Nicholson, das große natürliche Hafenbecken, nieder. Erst durch das Erdbeben 1855 sank der Meeresspiegel um 1,5 m und legte Flachland für die heutige, von Hochhäusern beherrschte Downtown frei. 1865, als Wellington Regierungssitz wurde, dehnte sich die Stadt auf die umliegenden Hügel aus, eine architektonische Herausforderung, die eindrucksvolle Gebäude in steiler Hanglage entstehen ließ und in der Neuzeit von kreativen Architekten mit mutigen Konstruktionen beantwortet wurde.

In den letzten 30 Jahren hat sich Wellington vom Verwaltungssitz zu einem respektablen Kulturzentrum gemausert.

Die gute alte Cable Car

In der Innenstadt

Die City kann man sehr gut zu Fuß erkunden. Auf dem **Lambton Quay,** der Haupteinkaufsstraße, startet die ***Cable Car ❶**. 122 m hinauf zum Aussichtspunkt oberhalb des Kelburn Parks fährt die leuchtend rote, elektrisch betriebene Bahn im Gegenzugverfahren. 1902 wurden die ersten Wagen eingesetzt, um die hoch am Hang gelegenen Wohngebiete müheloser erreichen zu können. Seit 1979 ersetzen moderne, in der Schweiz hergestellte Wagen die Originale (Mo–Fr 7–22 Uhr, Sa, So 9 bis 22 Uhr, alle 10 Minuten).

Neben der Bergstation liegt der Eingang zu den ***Botanic Gardens ❷**, deren ganzer Stolz die Lady Norwood Rose Gardens sind, zwischen November und April in voller Blüte. Über den angrenzenden **Early Settlers Memorial Park ❸** mit Gräbern der ersten Bürger der Stadt gelangt man auf die Bowen Street und in das ***Regierungsviertel ❹**. Blickfang ist der bienenstockähnliche Rundbau aus den

Seite
40

❶ Cable Car
❷ Botanic Gardens
❸ Early Settlers
   Memorial Park
❹ Regierungsviertel
❺ Government Buildings
❻ National Library
❼ Old St. Pauls
❽ Katherine Mansfield's
   Birthplace
❾ Tinakori Road
❿ Museum of Wellington
   City and See
⓫ Civic Centre
⓬ Te Papa Museum

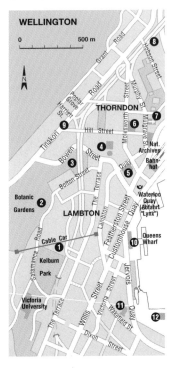

WELLINGTON

0 _____ 500 m

1970er Jahren, der *Beehive (»Bienenkorb«), wie die Wellingtonians das Parlamentsgebäude respektlos nennen. Daneben zwei neogotische Steingebäude: die 1897 errichtete General Assembly Library, die Bibliothek, und der alte Parlamentsbau von 1912, das Legislative Chamber (Führungen durch die Parliament Buildings zur vollen Stunde Mo–Fr 10–16 Uhr, Sa 10–15, So 13–15 Uhr, Tel. 04/471 9503).

Gegenüber können Sie den zweitgrößten Holzbau der Welt bewundern, die **Government Buildings ❺**, 1876 im Renaissancestil und als verblüffende Imitation eines steinernen Gebäudes errichtet. Heute sind hier ein Teil der Universität und das Infobüro des Department of Conservation (Tel. 472 7356, Mo–Fr 9–16.30, Sa, So 10 bis 15 Uhr) untergebracht.

Zu der umfangreichen **National Library ❻** gehört die Alexander Turnbull Library mit Büchern, Schriften und Fotos aus den Kolonialtagen (Molesworth/Aitken Sts., Mo bis Fr 9–17 Uhr, Sa 9–13 Uhr).

Ein paar Schritte weiter befinden sich die **National Archives** mit zahlreichen historischen Dokumenten. Das Prunkstück ist die Originalausgabe des »Vertrags von Waitangi«. (Mulgrave Street, Mo–Fr 9–17 Uhr, Sa 9–13 Uhr.)

In der Nähe erhebt sich, 1866 geschmackvoll aus Holz gezimmert, ***Old St. Pauls ❼**. Die kleine Kathedrale wird wegen ihrer fabelhaften Akustik gerne für Konzerte genutzt. (Mo–Sa 10 bis 16.30 Uhr, So 13–16 Uhr.)

Kirchgänger hatten es zum Frühschoppen nie weit: **Thistle Inn** heißt eine der ältesten Kneipen des Landes mit viel Atmosphäre (Mulgrave Street).

In der guten Stube von Katherine Mansfield's Elternhaus

Michael Fowler Centre

Das alte Wellington ganz anders erfahren kann man mittels zweier guter Broschüren (bei der Visitor Information): **Old Shoreline** bringt Sie zu historischen Gebäuden, und »A Guide to Katherine Mansfield's Wellington« folgt der Spur der bekanntesten neuseeländischen Schriftstellerin u. a zu ***Katherine Mansfield's Birthplace ❽**. Ihr Vater hatte das schmucke Holzhaus in ihrem Geburtsjahr 1888 erbaut. Sie selbst lebte nur fünf Jahre hier, bis die Familie umzog. Sie starb mit 34 Jahren in Frankreich. (25 Tinakori Road, tgl. 10–16 Uhr.)

Das Haus befindet sich im ***Stadtteil Thorndon,** einem historischen Viertel mit vielen alten, liebevoll restaurierten Häusern. Die Broschüre »Heritage Trail Thorndon« (in der Visitor Information erhältlich) führt auch vorbei an Geschäften, Restaurants und Galerien, die sich dem nostalgischen Ambiente angepasst haben. Der schönste Abschnitt liegt auf der **Tinakori Road ❾** zwischen Harriet Street und Poplar Grove.

Waterfront

Immer attraktiver gestaltet sich die Hafengegend. An der Queens Wharf in der Stadtmitte finden Sie im ***Muse**um of Wellington and Sea ❿** Modelle und Relikte von vor der Küste gesunkenen Schiffen sowie Fotos vom Untergang der Cook-Strait-Fähre »Wahine« (tgl. 9.30–17.30 Uhr, im Sommer bis 18 Uhr).

In und an den alten Lagerhallen im Umkreis des Maritime Museum entstehen schicke und teure Apartments, Szene-Restaurants und Kulturtreffs, in denen sich die ganze Familie amüsieren kann, wie beispielsweise das **Queens Wharf Retail & Event Centre** oder der **Frank Kitts Park.**

Die avantgardistische **City to Sea Bridge** verbindet die Waterfront mit dem ***Civic Centre ⓫**, wo man in einem der drei Cafés kräftigen Espresso trinkt oder sich in der City Art Gallery bildet, während die Kinder im Capital E spielerisch ihre Umwelt erfahren. Übrigens ein Abenteuer, das nicht nur die Kleinen begeistert (Civic Square, Di–So 10–17 Uhr). Zum Komplex gehören auch die **Visitor Information,** der Rundbau des **Michael Fowler Centre** (Stadthalle und Kongresszentrum) und die architektonisch gewagte **City**

Seite 40

Library, an deren Palmen aus Beton und Metall sich die Geister scheiden.

Das Nationalmuseum **Te Papa** ⑫ präsentiert Neuseeland von der Geschichte der Maori über die eindrucksvolle Fauna und Flora bis zum virtuellen Bungy Jump. (Cable St., zwischen Jervois Quay und Oriental Parade, tgl. 10–18, Do bis 21 Uhr.)

Aussichten

Die über Hügel greifende Stadt hat einige lohnenswerte *Aussichtspunkte: Einer befindet sich hoch oben im Neubauviertel von **Brooklyn,** wo den kräftigen Wind nichts mehr davon abhält, das Windrad zur Stromerzeugung anzutreiben. (Ashton Fitchett Drive, Einfahrt nur zwischen 9 und 17 Uhr.)

Den keinesfalls reizvolleren, aber populäreren Rundumblick auf die Kulisse aus City, Hafenbecken und Cook Strait, deren meist aufgewühlte Wasser Nord- und Südinsel trennen und die an der schmalsten Stelle etwa 20 km misst, hat man vom *Mt. Victoria. Je nach Tageszeit kann man eine der weiß gestrichenen Fähren beobachten, die sich durch die Dünung kämpft. Der Weg zum Aussichtspunkt führt vorbei an der Oriental Bay (ab dort ausgeschildert), deren citynahe Promenade mit Badebuchten bei schönem Wetter zum Flanieren einlädt.

*City Marine Drive

Die mehr als zwei Stunden dauernde Fahrt erschließt die attraktiven, buchtenreichen Vororte im Westen der Hafeneinfahrt. Hinter der Oriental Bay führt die Straße dicht am Wasser entlang, vorbei am International Airport, auf die Miramar-Halbinsel, von deren Nordspitze man einen tollen Blick auf die Skyline der City hat. Auf den nächsten 20 km reiht sich Bucht an Bucht; einige, wie **Scorching Bay** und **Lyall Bay,** verfügen über ganz hübsche Strände und sind an Sommerwochenenden beliebte Ausflugsziele der Städter. In der **Owhiro Bay** führt eine 4 km lange Wanderstrecke zu den **Red Rocks,** wo man zwischen März und September bis zu 100 Robben in ihrer Kolonie beobachten kann. Bei gutem Wetter ist von hier aus die Südinsel zu sehen. Zurück in die City geht es über die **Happy Valley Road.**

Infos

Vorwahl: 04

Visitor Information, 101 Wakefield St., Civic Centre, Civic Square, Tel. 802 4860, Fax 802 4863, www.wellingtonnz.com.

Flugverbindungen: Wellington hat nur internationale Flugverbindungen nach Australien.
Busverbindungen: Wellington Top Spots erreichen Sie bequem mit dem gelben **City Circular** (tgl. alle 10 Min. bis 18 Uhr z. B. ab Cable Car, Lambton Quay; Tagesticket 8 NZ $).
Fährverbindungen: Die Fähren zur Südinsel starten am Aotea Quay. Der Katamaran **Lynx** fährt 2mal tgl. ab Waterloo Quay. Siehe auch Seiten 32 und 74.

Eight Parliament Street, Tel. und Fax 499 0808, www.boutique-bb.co.nz. Bed & Breakfast in einem geschmackvoll restaurierten alten Fischerhaus im interessantesten Teil von Thorndon. ○○

▌ **Ibis Hotel,** 153 Featherston St., Tel. 496 1880, www.accorhotel.

Das beliebte Shed 5

com.au. Zentral gelegen, ausgezeichnetes Preis-Leistungs-Verhältnis. ○○
Camping: Hutt Park Motor Village, 95 Hutt Park Rd., Lower Hutt, Tel. 568 5913, Fax 568 5914. Eine Viertelstunde Fahrt von der City entfernt, einziger Campingplatz in Wellington.

 In fast allen Restaurants müssen Sie einen Tisch reservieren.
▪ **Zibibbo,** 25 Taranaki St., Tel. 385 6672. In einer ehemaligen Polizeistation werden wunderbare »wood-fired« Pizzen serviert. ○○–○○○
▪ **Shed 5,** Queens Wharf, Tel. 499 9069, Lunch und Dinner in einer umgebauten Lagerhalle gegenüber vom Maritime Museum. ○○
▪ **Brooklyn Café and Grill,** 1 Todman St., Tel. 385 9592. Es gehört einer bekannten Restaurantkritikerin – und ist objektiv gut. ○○
▪ **Café L'Affare,** 27 College St., Tel. 385 9748. Ein Tip für ein gutes Frühstück, eigene Kaffeerösterei. ○

Das Nachtleben konzentriert sich auf einen Straßenzug: **Courtenay Place** und die davon abzweigenden **Blair Street** und **Allen Street.** Rund 50 Kneipen und Restaurants werden jeden das Passende finden lassen. Die alternative Szene vergnügt sich auf der **Cuba Street.**

Christchurch

Seite 45

Die »englischste« Stadt

Auch wenn an die 313 000 Menschen, mehr als ein Drittel aller Südinsulaner, hier leben: Christchurch hat den Charme eines Provinznestes. Imposant: zahlreiche ältere Bauten. Bescheiden: die Fassaden der neueren Büro- und Geschäftshäuser. Ausgedehnte Parks, viel neugotischer Baustil und gepflegte Wohnstraßen verleihen der Stadt ein englisches Flair – auch wenn Gondolieri auf dem Avon in der Innenstadt südländische Atmosphäre vermitteln. Christchurch strahlt Lebensart und Toleranz aus. Warum sonst haben sich hier, in Canterbury, so viele Künstler, Kunsthandwerker, Freaks und Nonkonformisten niedergelassen?

Die Europäer siedelten Mitte des 19. Jhs. zunächst südlich der Hügelkette am tief ins Land greifenden natürlichen Hafen. Port Cooper nannten sie den Ort und tauften ihn später in Lyttelton um. Doch die steilen Hänge entpuppten sich als siedlungsfeindlich. Was also lag näher, als auf das flache Terrain jenseits der Hügel auszuweichen, wo heute Christchurch steht. Der einzige Nachteil: An der Küste, um die sedimentreiche Mündung des Heathcote River, lässt sich kein Hafen anlegen. Bis heute gehen alle Schiffe in Lyttelton vor Anker.

Sehenswürdigkeiten

Magisches Zenrum ist der ***Cathedral Square ❶**, eine Art soziales Zentrum der Stadt. Hier trifft man sich, Junge wie Alte, Einheimische wie Touristen.

Seite
45

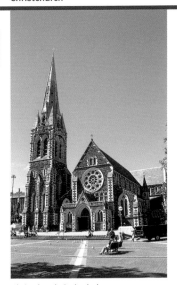

Christchurch Cathedral

Wochenendmarkt vor dem Arts Centre

Ein Schwätzchen halten, in der Sonne dösen oder hin und wieder dem Wizard lauschen: Der von der Stadt offiziell anerkannte Zauberer hat hier seinen großen Auftritt – aufgrund seines Alters allerdings nur noch sehr sporadisch. Ian Brackenbury-Channell, wie der zauberhaft kostümierte alte Herr bürgerlich heißt, hält, wenn er denn da ist, die Passanten nicht mit Taschenspielertricks auf – er schimpft lauthals über die Welt im Allgemeinen und die Emanzipation im Besonderen. Dass kaum jemand zurückschimpft, liegt an dem ungeheuren Unterhaltungswert der Tiraden des ehemaligen Soziologieprofessors pünktlich zur Mittagspause.

Der Wizard agiert vor der Kulisse der ***Christchurch Cathedral,** die 1864 errichtet wurde. 133 Stufen führen hinauf in den 65,5 m hohen Kirchturm, der einen grandiosen Panoramablick über die Dächer der Stadt gewährt.

Einen Straßenzug weiter befinden sich die ***Provincial Government Buildings ❷**. Der verwinkelte Bau gilt als der gelungenste neugotische der Stadt. Hier tagte einst die Regierung der Provinz Canterbury. Heute wird ein Teil als Klubrestaurant gastronomisch genutzt (Gloucester/Durham Sts., Öffnungszeiten: 9–16 Uhr).

Tipp Hungrig oder durstig geworden? Gehen Sie ins ****Arts Centre ❸**, rund 500 m südwestlich. Hinter den dicken Backsteinmauern des verschachtelten neugotischen Bauwerks von 1864 wird heute Theater gespielt, in Cafés und Restaurants gut gegessen und getrunken sowie in zahlreichen kleinen Läden originelles Kunsthandwerk verkauft.

Samstag und Sonntag herrscht beim Arts Centre auf dem ****Weekend Market** buntes Treiben. Adrett aufgebaute Stände Kitsch und Kunst, vor allem preiswertes Kunsthandwerk – eine Fundgrube für Souvenirjäger.

Ursprünglich war in den Räumen die Universität untergebracht, die später in den Vorort Ilam übersiedelte. Forschergeist herrscht lediglich noch in dem nachgebauten Labor des neuseeländischen Physikers Ernest Rutherford, der für seine Leistungen auf dem Gebiet der Kernforschung 1908 den Nobelpreis erhielt (zwischen Worcester Bvd. und Hereford St., Öffnungszeiten: tgl. 10–16 Uhr).

Auf der anderen Straßenseite können Sie naturkundliche Studien betreiben: Das *Canterbury Museum ❹, ein weiterer eindrucksvoller Backsteinbau, wurde schon 1870 von dem aus Bonn stammenden Geologen Julius von Haast gegründet. Es informiert über die Maori-Kultur und die regionale Siedlerhistorie, bei der auch Goldfunde eine bedeutende Rolle spielten (Rolleston Avenue, tgl. 9–17 Uhr).

Noch nicht genug vom neugotischen Baustil des 19. Jhs.? Direkter Nachbar ist das *Christ's College ❺. Die Nadelstreifen-Uniform der ausschließlich männlichen Schüler entspricht dem Baustil: düster, klobig und unmodern, aber traditionsreich und elitär.

All diese ehrwürdigen Bauten liegen am Rande des *Hagley Park, der schönsten Grünanlage der Stadt, die auch den Botanischen Garten umfasst. Was wie naturbelassen aussieht, bedarf der sorgsamen Pflege von Gärtnern und Gartenarchitekten. An heißen Tagen erweist sich ein Spaziergang im Schatten der mächtigen Bäume als sehr belebend (Öffnungszeiten: tgl. bis Einbruch der Dunkelheit).

Tipp Nicht versäumen sollten Sie eine Fahrt mit der historischen **Tram,** z. B. ab Square oder Arts Centre. Die Straßenbahnrundfahrt durch die City dauert etwa 20 Min.

Ausflüge

Seite 45

*Summit Road
Die aussichtsreiche Panoramasstraße schlängelt sich auf der Hügelkette entlang. Von der Innenstadt aus fährt man am besten über die Dyers Pass Road, vorbei an dem Nobel-Wohnviertel Cashmere, zur Summit Road.

Am Weg fällt ein burgähnlicher Trutzbau ins Auge, ***Sign Of The Takahe** genannt, dessen Restaurant einen prima Ausblick und am Vor- und Nachmittag guten Devonshire Tea bietet.

Dahinter schraubt sich die Straße hinauf zum 332 m hoch gelegenen Dyers Pass und dem Aussichtspunkt ***Sign Of The Kiwi,** wo die Summit Road

❶ Cathedral Square
❷ Provincial Government Buildings
❸ Arts Centre
❹ Canterbury Museum
❺ Christ's College

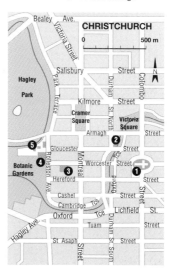

Seite 45

scharf nach links abbiegt. Die ganze Strecke gewährt unbehinderte Ausblicke über die weite Canterbury-Ebene bis hin zu den im Winter schneebedeckten Gipfeln der Südalpen. Auf dem Evans Pass (193 m) endet die Summit Road.

*Lyttelton und *Sumner

In Hafennähe von Lyttelton befindet sich die **Timeball Station,** die seit 1876 tagtäglich pünktlich um 13 Uhr den Schiffen ein Signal setzt. Ein kurzer Schiffsausflug in die Hafengewässer führt auf *Ripapa Island, wo der von den Neuseeländern respektierte deutsche »Seeteufel« Graf Luckner im Ersten Weltkrieg gefangen gehalten wurde (Buchungen Tel. 03/328 8368). Am breiten Sandstrand von **Sumner,** dessen kräftige Brandung bei fast jedem Wetter Surfer aufs Wasser lockt, kann man eine Pause im hübschen **Beach Café** einlegen.

Auf der Küstenstraße geht es, vorbei an **Ferrymead,** wieder Richtung City. Vor der Brücke über den Heathcote River zweigt links eine Straße ab zum *Ferrymead Historic Park, einem Freilichtmuseum aus den Pioniertagen

Erlebnispark Antarktis

Das großzügig gestaltete Informationszentrum **International Antarctic Centre,** fünf Gehminuten vom Flughafen-Terminal entfernt, gleicht einem Erlebnispark, in dem anschaulich Wissenswertes über den Südpol vermittelt wird. Das Expeditionsmobil »Hægglund« nimmt Sie mit auf eine Rundfahrt. (Okt. bis März tgl. 9.30–20.30 Uhr, April–Sept. tgl. 9.30–17.30 Uhr, www.iceberg.co.nz.)

(tgl. 10–16.30, Jan. bis 18.30 Uhr). Etwa 2,5 km weiter liegt die Talstation der *Mt. Cavendish Gondola, deren Kabinen auf 446 m steigen, noch über die Summit Road hinaus (tgl. 10 Uhr bis zur Dämmerung).

Tipp Ein Tagesausflug mit dem **TranzAlpine** nach *Greymouth (s. S. 94) führt über Brücken und durch 19 Tunnels durch die herrliche Welt der Südalpen.

*Banks Peninsula

Jedem Besucher kommt **Akaroa** auf der Banks-Halbinsel rund 80 km südöstlich von Christchurch französisch vor. Als 1840 die ersten französischen Siedler im geschützten natürlichen Hafen der Halbinsel vor Anker gingen, war der englischen Krone per Waitangi-Vertrag bereits die Souveränität über ganz Neuseeland sicher – die Franzosen blieben trotzdem. Am Hafen, unterhalb der über 800 m hohen halbkreisförmigen Hügelkette, bauten sie die Siedlung auf, legten irgendwann Rue Jolie, Rue Benoît und Rue Lavaud an, Namen, die noch heute auf den Straßenschildern stehen.

Historisches Kleinod, Teil des umfangreichen Akaroa-Museums, ist das *Langlois-Eteveneaux House, ein liebevoll restauriertes Holzhäuschen, das Mitte des vorigen Jahrhunderts in Einzelteilen per Schiff aus Frankreich angeliefert worden war (Rue Lavaud/Rue Balguerie, tgl. 10.30–16.30 im Sommer, bis 16 Uhr im Winter).

Überhaupt mutet der kleine Ort wie eine südfranzösische Sommerfrische an. Die Ausflügler sitzen in Straßencafés und Gartenrestaurants entlang der belebten, promenadeähnlichen Beach Road oder haben es sich mitten auf der Wiese bei Fish und French fries, wie man die Chips hier nennt, und einer Flasche Wein bequem gemacht.

Tipp Am malerischsten präsentiert sich Akaroa bei einer der **Hafenrundfahrten** (ab Main Wharf, die Abfahrtszeiten wechseln je nach Saison) oder vom alten **Leuchtturm** aus (Beach Road, Öffnungszeiten: Januar tgl., sonst nur So 13–16 Uhr).

Akaroa Village Inn, Beach Rd., Tel. 304 7423, www.akaroa.co.nz. In der Nähe des Schiffsanlegers. ○○

French Farm, Valley Rd. (12 km von Akaroa an der Straße nach Christchurch), Tel. 304 5784. Gutes Weingut und Restaurant. ○○

Infos

Vorwahl: 03

Visitor Information, Cathedral Square West, Tel. 379 9629, Fax 377 2424, www.christchurchnz.net.

Sightseeing per Bus: Kostenlos kutschiert Sie **The Shuttle** durch die Innenstadt.

The Charlotte Jane, 110 Papanui Road, Tel. 355 1028, www.charlotte-jane.co.nz. Geschmackvoll und großzügig restauriertes altes Schulgebäude. ○○○

▮ **Millennium,** Cathedral Square, Tel. 365 1111, www.millennium christchurch.co.nz. Geschmackvolle Zimmer, gutes Restaurant. ○○○

▮ **YMCA Accomodation,** 12 Hereford Street, Tel. 365 0502, www.travel shops.co.nz. Zentral, Doppel- und Mehrbettzimmer. ○○–○

Grimsby's, Kilmore/Montreal Streets (Cranmer Court),

Tel. 379 9040. Einen Besuch lohnt schon der gotische Steinbau, einst eine Schule. ○○○

▮ **Samurai,** 71 Kilmore St., Tel. 377 5535. Einfallsreiche japanische Gerichte, auch Sushi und Sashimi. ○○–○○○

▮ **Annie's Wine Bar and Restaurant,** Gloucester Street (im Arts Centre), Tel. 365 0566. Gemütlicher als das **Dux de Lux** im gleichen Gebäude, das Bierkneipe mit Buffet ist. ○

Seite 45

Das spärliche Nachtleben in Christchurch tobt sich auf einer Länge von ca. 300 m am Flüsschen Avon aus: An der **Oxford Terrace** zwischen Cashel Mall und Worcester Boulevard locken ein knappes Dutzend Kneipen und Restaurants. Einen zweiten, ebenso gemütlichen Treffpunkt bildet das **Arts Centre** (**Dux de Lux, Annie's Wine Bar** sowie einige Cafés).

Southern Cross

Lange vor der Erfindung des Kompasses haben sich die Menschen mit Hilfe der Sterne auf der Erde orientieren können. Während auf der Nordhalbkugel der Nordstern eindeutig die Himmelsrichtung angibt, haben es die Bewohner der Südhalbkugel etwas schwerer, nur mit Hilfe des Sternenhimmels den richtigen Weg zu finden. Sie müssen sich des Southern Cross bedienen, des Kreuzes des Südens. Verlängert man die Längsachse viermal, endet diese im so genannten Himmelssüdpol, dessen gedachte Senkrechte auf die Erde ziemlich genau Süden anzeigt.

Dunedin

Eine Stadt voller Andenken

Durch Dunedin zu schlendern, ist wie in einem alten Album mit vergilbten Schwarzweißfotos zu blättern. Mächtige Fassaden einst stolzer Bauten begleiten die Straßenzüge: Der Stadt ging es wirtschaftlich schon einmal besser. Gleich verarmtem Adel aber trägt Dunedin sein Schicksal erhobenen Hauptes. Und Studenten halten die Stadt lebendig. »It's all right here«, lautet der Werbeslogan.

Die University of Otago

Dunedin wurde 1848 von Schotten gegründet. Zu Wohlstand kam die Stadt durch Goldfunde in der zweiten Hälfte des 19.Jhs. Nach dem Goldrausch florierte der Handel mit landwirtschaftlichen Produkten, doch die goldenen Zeiten waren ein für allemal vorbei.

Sehenswürdigkeiten

Die meisten historischen Bauten befinden sich im Stadtzentrum, nahe des **Octagon.** Als Wegweiser für den Rundgang empfiehlt sich die Broschüre *Walk the City* (bei der Visitor Information) mit Erläuterungen zu 35 Baudenkmälern. Die wichtigsten sind:

*Railway Station.** Der Bahnhof von 1906 ist bis heute eines der schönsten Beispiele für den flämischen Renaissancestil. Außen Basalt und weißer Kalkstein, innen farbige Keramikfliesen und ein aus fast 726 000 Mosaiksteinen zusammengesetzter Fußboden (Anzac Avenue).

Tipp Hier startet auch die *Taieri Gorge Railway* zur Fahrt durch die Täler Otagos (www.taieri.co.nz).

*Early Settlers Museum.** Das Prunkstück unter den zahlreichen Relikten aus der guten alten Zeit ist die »Mary Hill Tram«, die erste elektrische Straßenbahn des Landes (220 Cumberland St., Mo–Fr 10–17 Uhr, am Wochenende 13–17 Uhr).

Ca. 2 km vom Octagon entfernt wird an der *University of Otago** am Ufer des Leith River fleißig studiert. In der verwinkelten Anlage im flämischen Renaissancestil, 1869 als erste Universität Neuseelands gegründet, ist der alte Geist der Wissenschaft sehr lebendig. Vielleicht mögen deshalb junge Leute die Universität: 70 % der Studenten kommen von außerhalb.

Wie steil die Hügel Dunedins sind, spürt man spätestens beim Aufstieg zum *Olveston House** (42 Royal Terrace, tgl. geöffnet, Voranmeldung bei der Visitor Information). Das prachtvolle Wohnhaus von 1904 ist geradezu eine Schatztruhe voller Kostbarkeiten aus der ganzen Welt. Die 35 Zimmer präsentieren, was sich reiche Geschäftsleute um die Jahrhundertwende so alles leisten konnten.

**Otago Peninsula

Alles, was die lang gezogene Halbinsel im Osten Dunedins zu bieten hat, ist an einem Tag kaum zu schaffen, auch wenn es bis zur Albatros-Kolonie gerade 44 km sind; eine gute Übernachtungsmöglichkeit gibt es bei Larnach Castle (Faltblatt als Wegweiser bei der Visitor Information).

Dicht am Hafen führt die Portobello Road aus der Stadt hinaus. Rechts liegen versteckt die **Glenfalloch Woodland Gardens,** eine 10 ha große Anlage, die ihren besonderen Reiz zur Zeit der Rhododendren- und Azaleenblüte entfaltet.

Ein 3 km langer Abstecher über die Castlewood Road führt zu ***Larnach Castle,** dem 1871 erbauten einzigen Schloss Neuseelands. In den dicken Mauern spielte sich eine Familientragödie ab, die mit dem Selbstmord des ruinierten Schlossherrn und Politikers ausgerechnet im Parlamentsgebäude in Wellington endete (tgl. 9–17 Uhr).

In der Broad Bay steht, peinlich genau restauriert, das ***Fletcher House,** ein hölzernes Wohnhaus, das typisch ist für die aufstrebende Arbeiterschaft Anfang dieses Jahrhunderts (727 Portobello Road, Dez.–März tgl. 11–16 Uhr, sonst unregelmäßig geöffnet).

Pinguine, Robben, verschiedene Seevögel, darunter Königsalbatrosse, haben sich auf der Halbinsel Kolonien eingerichtet. Am ****Penguin Place** führt Howard McGrouther kleine Gruppen in tunnelartigen Gängen durch die Kolonie der seltenen Gelbaugen-Pinguine (yellow-eyed penguins; Harington Point, mehrmals tgl. Tel. 03/478 0286, auch Backpacker-Unterkunft). Oder man fährt am Albatross Centre weiter über einen Feldweg zu den **Nature Wonders Otago.** Dort, an der Nordostspitze der Halbinsel, können Pinguine und Robben auf einer Bustour ebenfalls beobachtet werden, wenn auch aus etwas größerer Entfernung (am besten ab ca. 3 Std. vor Dunkelheit).

Krönung ist zweifellos ein Besuch der ****Königsalbatros-Kolonie** am

Taiaroa Head, auch wenn man die Vögel nur von weitem beobachten kann. Am faszinierendsten im März, dann sind die Küken etwa zwei Monate alt (Informationszentrum ganzjährig geöffnet, keine Vogelbeobachtung von 17. 9. bis 23. 11., ansonsten mehrmals tgl. ab 10 Uhr).

Infos

 Visitor Information, 48 The Octagon, Tel. 03/474 3300, Fax 474 3311, www.cityofdunedin.com.

Die meisten Motels und B & B-Häuser finden Sie entlang der George Street.
▪ **Nisbet Cottage,** 6 a Elliffe Place, Tel. 03/454 5169, www.nznature guides.com. Nettes B & B. Die deutsche Besitzerin, eine Biologin, unternimmt anspruchsvolle Touren zur Otago Peninsula. ○○
▪ **Larnach Castle Lodge,** Otago Peninsula, Tel. 03/476 1616, www.larnachcastle.co.nz. Motel neben dem Schloss. ○○

Bell Pepper Blues, 474 Princes Street, Tel. 03/474 0973. Tischreservierung ist unbedingt erforderlich! ○○
▪ **Café 1908,** 7 Harington Point, Portobello Road, Tel. 03/478 0801. Gemütlicher Abschluss eines Ausflugs auf die Otago Peninsula. ○○

Für eine Studentenstadt ist das Nachtleben ungewöhnlich lahm: Rund um das Octagon ist man noch am besten aufgehoben. Sehenswert ist das **Fortune Theatre,** das in einer ehemaligen Methodistenkirche (Stuart St.) spielt. Im Hotel Southern Cross (Princes/High Sts.) ist das heimelige **Casino** untergebracht.

Queenstown

Eine Stadt amüsiert sich

Sieht so das Paradies aus? Queenstown, am tiefen Wakatipu-See vor der Kulisse schroffer Zweitausender gelegen, hat eigentlich nur eines im Sinn: Fun and Action für Junge und jung Gebliebene. Aber was so spaßig anmutet, ist knallharter Konkurrenzkampf. Schneller, höher, weiter – Sieger bleibt, wer mit dem schnellen Abenteuer zu Wasser, Luft oder Land den Thrill, den Nervenkitzel, verspricht.

Queenstown ist ein lebendigen Ferienort. Überschaubar ist das Einkaufszentrum um die **Mall.** Die Fahrt mit der ****Skyline Gondola** auf den über 470 m hohen Bob's Peak beschert einen wunderbaren Blick auf Stadt und See, bis hin zu den Gipfeln der Remarkables (tgl. 10–22 Uhr). In der Bergstation zeigt das ***Skyline Showscan Theatre** den faszinierenden Landschaftsfilm »Kiwi Magic« (tgl. 11 bis 21 Uhr). Nahe der Talstation (Brecon St.) leben im ***Kiwi & Bird Life Park** Kiwis im abgedunkelten Gehege (tgl. 9–17 Uhr).

Tipp Ein grandioses Erlebnis ist es, vom Bob's Peak mit dem Gleitschirm in Tal zu schweben (Tandem Parapenting, Buchungen vor Ort auf dem Hügel, ca. 140 NZ $).

Ausflüge

Hinauf auf den See und hinüber zur ***Walter Peak Country Sheep & Cattle Station** am andern Ufer fährt die »T.S.S. Earnslaw«, ein Schraubendampfer von 1912, in dessen Bauch noch Heizer im Schweiße ihres Angesichts Kohlen ins Feuer schaufeln. Wie es auf einer Hochland-Schafsfarm zugeht, erlebt man beim Landausflug auf der Station.

Dicht am Seeufer entlang geht es nach ***Glenorchy,** einer kleinen Siedlung mitten im Naturparadies, Ausgangspunkt für Wanderungen (Routeburn Track, 39 km) oder Mountainbike-Touren. Hier startet ***Dart River Jetboat Safari** zur rasanten Fahrt über Stromschnellen (Bustransfer ab Queenstown, Tel. 03/442 9992). Gemächlicher erlebt man den Fluss auf der Rückfahrt (optional) im Fun Yak, einer Mischung aus Kanu und Kajak.

Von der Straße Richtung Arthurs Point und Arrowtown zweigt hinter dem Startpunkt der Shotover Jetboats eine Zufahrt zum 1646 m hohen Skigebiet ***Coronet Peak** ab, das auch im Sommer grandiose Ausblicke bietet. Zuvor geht es links ab zum ***Skippers Canyon,** einer ruppigen Schlucht, in die nur geländegängige Fahrzeuge oder Motorräder dürfen (4wd-Touren ab Queenstown).

In die goldene Vergangenheit führt der halbtägige Geländewagen-Trip nach ***Macetown** (ab Queenstown, Nomad Tours, Tel. 03/ 442 7386). Zwischen grün überwucherten Mauerresten und verrosteten Minengeräten werden mit etwas Phantasie alte Goldgräbergeschichten wieder lebendig.

*Arrowtown ist ein wiederaufgebautes Goldgräberstädtchen. Am Ende der Hauptstraße stehen unter mächtigen Alleebäumen einige schmucklose *Cottages.* Was sonst noch erhalten ist aus dieser Zeit, kann man im *Lakes District Museum betrachten (Buckingham St., tgl. 9–17 Uhr). Eine nette kleine Wanderung führt zu einem verlassenen *Chinese Settlement aus alten Goldgräbertagen.

Rasante Jetboatfahrt

Skyline Gondola

Eine sehr empfehlenswerte Tagestour führt zum Milford Sound (s. S. 86): Zunächst steht ein Flug auf dem Programm, danach die Schiffsfahrt durch den Sound; zurück geht es per Bus über Te Anau (Coach'n Fly: Real Journeys, s. unten).

Infos

Visitor Information, Shotover/Camp Streets, Tel. 03/442 4100, Fax 442 8907, www.queenstownvacation.com.
▪ **DOC,** 37 Shotover Street, Tel. 03/442 7933, Fax 442 7932.
▪ **Real Journeys (Fiordland Travel) Visitor Information,** Steamer Wharf, Tel. 03/442 4846, gebührenfrei in NZ Tel. 0800/656 503, www.fiordlandtravel.co.nz; Buchung von TSS Earnslaw und von Exkursionen im Fiordland (Milford und Doubtful Sount).

Schiffsverbindung: T.S.S. Earnslaw, mehrere Abfahrten täglich (Real Journey, siehe oben) ab Steamer Wharf.

The Lodges, Lake Esplanade, Tel. 03/442 7552, www.thelodges.co.nz. Großzügig, ideal für längeren Aufenthalt. ○○○
▪ **Millbrook Resort,** Arrowtown, Malaghans Road, Tel. 03/442 1563, www.millbrook.co.nz. Schöne Golfanlage und großzügige Zimmer. ○○○
▪ **Copthorne Queenstown Lakefront,** Adelaide/Frankton Sts., Tel. 03/442 8123, www.copthornelakefront.co.nz. Bietet oft gute Sonderangebote. ○○–○○○
Camping: Queenstown Motor Park, Man Street, Tel. 03/442 7252, Fax 442 7253. Mit dem schönsten Panoramablick. Preiswerte Cabins.

Lone Star, 14 Brecon Street, Tel. 03/442 9995. Riesenportionen und Westernatmosphäre. ○○
▪ **Minami Jujisei,** 45 Beach Street, Tel. 03/442 9854. Ausgezeichnetes japanisches Restaurant. ○○
▪ **Solera Vino,** 25 Beach Street, Tel. 03/442 6082. Weinbar mit spanischer Küche, sehr gemütlich. ○○
▪ **McNeills,** 14 Church Street, Tel. 03/442 9688. Kleine Bierbrauerei und Restaurant. ○○
▪ **Gibbston Valley,** Kawarau Gorge (am Highway nach Cromwell). Nach eigenen Angaben das südlichste Weingut der Welt. Tipp zum Lunch. ○

Bei den Iren ist immer gute Stimmung, so z. B. in **Pog Mahones** (Rees St.). Weitere Pubs reihen sich entlang von **The Mall.** Ein gutes Bier zapft **McNeills** (14 Church St.), und ein wenig Nachtleben entwickelt sich in der **Steamer Wharf** (Beach Rd.).

1

Seite 53

Tour 1

Waldreich: The Northland

Auckland → **Bay of Islands → und *Cape Reinga → *Waipoua Kauri Forest→ Auckland (988 km)

Ein mildes Klima und sichere Naturhäfen – die Region nördlich von Auckland wurde als Erste von Europäern besiedelt. Die Maori schätzten die Vorzüge der wald- und buchtenreichen Landschaft schon lange: Aus den Stämmen gewaltiger Kauri-Bäume ließen sich seetaugliche Kanus schlagen, der Fischreichtum sorgte für eine nie versiegende Nahrungsquelle. Als an der Bay of Islands der Staat Neuseeland gegründet wurde (s. S. 20), hatten die Weißen bereits damit begonnen, das Northland auszubeuten. Heute zählt das Northland zu den wirtschaftlichen Sorgenkindern Neuseelands, der einzige florierende Wirtschaftszweig ist der Tourismus. Für die Tour müssen Sie mindestens fünf Tage veranschlagen.

Der Highway 1 verläuft geradewegs nach Norden. Eine erste warme Empfehlung am Wegesrand ist der kleine Küstenort ***Waiwera ❶** mit seinen bis zu 43 °C heißen Mineral Pools.

Ein kurzer Abstecher vom Highway führt mitten ins grüne Farmland nach ***Puhoi ❷** (176 Einw.). Das urige Dorf gilt immer noch als »German«, obwohl gut 130 Jahre vergangen sind, seitdem sich eine Gruppe Deutsch sprechender Böhmen hier niedergelassen hat. Das einstige »German Hotel« von 1879 heißt heute Puhoi Hotel.

Tipp Zu empfehlen ist ein Besuch von **Puhoi Cheese** mit einem hübschen Besucherzentrum am Ende des Dorfes (ca. 4 km Fahrt).

In Warkworth führt eine Abzweigung nach **Sandspit ❸**, Ausgangspunkt für einen vergnüglichen Halbtagesausflug auf die vorgelagerte ***Kawau Island ❹**. Hier leben zahlreiche Tiere, darunter niedliche kleine Kängurus (Wallabies), rund um das stattliche, mit Antiquitäten eingerichtete Mansion House (Öffnungszeiten: wechselnd). (Überfahrt 30 Min., tgl. 10.30 und 14 Uhr, letzte Rückfahrt 16.30 Uhr; Kawau Kat Cruise, Tel. 09/425 8006, www.kawaukat.co.nz.)

Whangarei ❺ und die Poor Knights Islands

Die Metropole des Northland (44 180 Einw.) nennt sich selbst stolz »Tor zum Norden«. Am Marsden Point, der Einfahrt zum Hafen, arbeiten die größte Ölraffinerie Neuseelands und das erste ölbetriebene Kraftwerk. Wer etwas für Uhren übrig hat, sollte unbedingt ins **Clapham's Clock Museum** (Waterfront Quayside, Town Basin) schauen: Über 1000 Zeitmesser jeglicher Epochen und aus aller Herren Länder ticken hier um die Wette (tgl. 10–16 Uhr).

Visitor Information, Otaika Rd. (Tarewa Park), Tel. 09/438 1079, www.whangareinz.org.nz.

In Whangarei finden Sie ausschließlich Standard-Motels an den Hauptstraßen.
Camping: Tropicana Holiday Park, Whangarei Heads Rd., Tel./Fax 09/436 0687. 9 km außerhalb, dicht am Wasser gelegen, gute Sandstrände in der Umgebung.

Killer Prawn, 26 Bank Street, Tel. 09/430 3333. Leckere Garnelen, serviert in historischem Ambiente. ○○

Wassersportler wird es ins 30 km östlich gelegene kleine Seebad **Tutukaka** ❻ ziehen. Hier starten Tauchausflüge in die subtropisch warmen Gewässer der ***Poor Knights Islands,** die für ihre farben- und fischreiche Unterwasserwelt berühmt sind.

Pacific Rendezvous, Tutukaka, Tel. und Fax 09/434 3847, www.oceanresort.co.nz. Mit Blick auf die Inseln. ○○

**Bay of Islands

Im reizvollen Feriengebiet finden Sie unzählige postkartentaugliche Motive. Und auch als europäische Keimzelle und Geburtsort des Staates Neuseeland hat sich die Bucht ihr eigenes Denkmal verdient; es befindet sich jenseits der Brücke über die Mündung des Waitangi River am Nordrand von

*Paihia ❼

(2900 Einw., 70 km nördl. von Whangarei). Das 1983 eröffnete ****Waitangi National Reserve** (nördlich von Paihia, der Straße am Strand folgen, tgl. 9–17 Uhr, www.nzinfo.com/area waitangi.htm) ist historisches Freilichtmuseum und gesellschaftspolitisches Bildungszentrum in einem. Ein Besuch gehört zur unbedingten Bürgerpflicht. Auf dem stets kurz geschorenen Rasen oberhalb der Bucht, dort, wo der Flaggenmast aufragt, unterschrieben Engländer und Maori-Häuptlinge 1840 den Vertrag von Waitangi (s. S. 20, 23).

Im Hintergrund das **Treaty House,** einst bescheidene Behausung des bri-

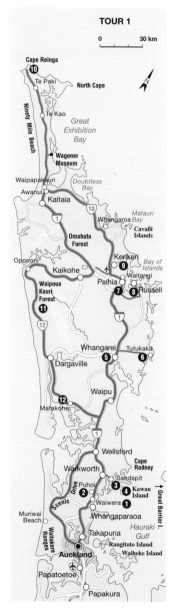

Seite
53

Im Versammlungshaus von Waitangi

Die Bay of Islands

tischen Gesandten James Busby, heute ein gepflegtes Beispiel für die Architektur in der neuen Kolonie Mitte des 19. Jhs. Das im traditionellen Stil erbaute **Maori-Versammlungshaus** (Marae, s. S. 14) gleich nebenan wurde erst 1940 zum 100. Jahrestag der Vertragsunterzeichnung fertig gestellt. Es vereinigt die Holzschnitzereien verschiedener Stämme, was einzigartig ist für die ansonsten nur stammeseigenen Maraes. Pünktlich zum Jubiläum konnte auch das 36 m lange, aus zwei mächtigen Kauri-Stämmen gefertigte **Kriegskanu** zu Wasser gelassen werden, das jetzt am Rand des Rasens steht.

Auf dem Trockenen liegt auch der ehemals stolze Dreimaster **»Tui«** am gegenüberliegenden Flussufer. Heute Restaurant, beherbergt es noch kleine Teile von Kelly Tarlton's Shipwreck Museum (am Ufer des Waitangi River).

Bay of Islands Visitor Information, Schiffs-Anlegestelle, Tel. 09/402 7345, Fax 402 7314, www.bayofislands.co.nz.

Waitangi Capthorne Resort, Tau Henare Drive, Tel. 09/402 7411, www.copthorne-bay-of-islands.nz-hotels.com. Nahe des Treaty House. Viele Gruppen. ○○○

▮ **Panorama Resort,** Old Wharf Road, Haruru Falls, Tel. 09/402 7525, www.paihia.com/accommodation/haruru-falls-resort/haruru-falls-resort.html Apartments und Campingplatz. ○○

▮ **Cooks Lookout Motel,** Causeway Road (Haruru Falls), Tel. 09/402 7409, www.bay-of-islands.co.nz/cooks. Zimmer mit kleiner Küche und Aussicht auf die Bay. ○○

▮ **The Totaras,** 6 School Road, Tel./Fax 09/402 8283, www.enclopedia.netnz.com/bedandbreakfast.html. Kleines Gästehaus eines Fotografen mit traumhaftem Blick über die Bay. ○○

Bistro 40/Only Seafood, 40 Marsden Road, Tel. 09/402 7444. Gemütliches Fischlokal. ○○–○

*Russell ❽

Was den Glücksrittern und Abenteurern Mitte des vorigen Jahrhunderts ein verheißungsvolles Dorado war, verteufelten die Missionare als ehrloses Höllenloch. Auf dem ****Flagstaff Hill** im Norden der Stadt fällte der Maori-Häuptling Hone Heke gleich viermal aus Protest gegen den Waitangi-Vertrag den Flaggenmast des Union Jack. Unten an der Bucht tobten immer wieder heftige Kämpfe. Im Innern der weiß gestrichenen **Christ Church,** der 1835 erbauten ältesten

Friedhof der Christ Church in Russell

torischen **Friedhof** an der Kirche sind die Grabsteine der Pioniere einen Blick wert. Den besten Überblick über die wilde Vergangenheit Russells erhält man im ***Russell Museum** (York Street, tgl. 10–16 Uhr).

i **Bay of Islands Maritime & Historic Park Headquarters,**
The Strand (am Russell Museum),
Tel. 09/403 7685,
www.tapeka.com/russell.htm.

Fährverbindungen: Alle 20 Min. Überfahrten von Russell nach Paihia sowie Ausflüge in die Bay of Islands (Fullers, Tel. 09/402 7421). Eine Autofähre verkehrt zwischen Russel und Opua.

Tipp Bei Fullrs kann auch der Segeltörn mit dem Zweimaster **R. Tucker Thompson** zwischen November und April gebucht werden.

Dukes Lodge, The Strand,
Tel. 09/403 7899, Fax 403 7289. Sehr zentral und ruhig gelegen. ○○
▮ **Ounuwhao B & B Guesthouse,**
16 Hope Ave., Matauwhi Bay (1 km von Russel), Tel. 09/403 7310, www.friars.co.nz/hosts/ounuwhao. html. Die Zimmer im alten Kauri-Farmhaus von 1893 sind mit Möbeln aus der Kolonialzeit eingerichtet. ○○

Gables, The Strand,
Tel. 09/403 7618. Speisen mit Blick auf die Bay of Islands. ○○○

*Kerikeri ❾
Der in Obst- und Gemüseplantagen eingebettete Ort (2600 Einw.) hat sich gleich zwei historisch wertvolle Bauten erhalten. Am Yachthafen (am Highway) stehen dicht nebeneinander ***Stone Store,** das erste, 1835 aus Stein errichtete Gebäude Neuseelands, und ***Kemp House,** ältestes

Kirche Neuseelands, sind noch einige Einschüsse sichtbar.
Heute ruht der Blick vom Flagstaff Hill auf einem verschlafenen Städtchen (1050 Einw.) mit sauberen Gehsteigen und geharkten Vorgärten. Von Grund auf restauriert ist das 1841 errichtete ***Pompallier House** an der Uferpromenade, repräsentativer Sitz des französischen Bischofs Jean Baptiste Pompallier und Druckerei. Im **his-**

Seite 53

Die »Rainbow Warrior«

Der Highway 10 führt zur Matauri Bay, in der das 1985 von französischen Agenten im Hafen von Auckland versenkte Greenpeace-Schiff »beigesetzt« wurde. Seitdem macht es unter Wasser als Marine-Denkmal auf die 1996 hoffentlich endgültig gestoppten Atomversuche der Franzosen im Südpazifik aufmerksam (Boot- und Tauchtrips ab Ocean's Motel, Tel. 09/402 7551, www. matauribay.co.nz/diving.html).

Seite 53

Bauwerk überhaupt, 1822 als Unterkunft für die Missionare fertig gestellt (Öffnungszeiten: im Winter Do, Fr geschlossen); der Store, einst Missionarsladen, aufwändig restauriert, fungiert heute als hübscher, kleiner Souvenirshop und als Pioniermuseum.

Flugverbindungen: In Kerikeri befindet sich der kleine Flugplatz für die Bay of Islands.

 Ausnahmen im durchschnittlichen Angebot:

■ **Riverview Park Lodge,**
28 Landing Road, Tel. 09/407 8741, www.riverview.co.nz. Die Besitzer sind Deutsche und gute Nordland-Kenner. ○○○

■ **Villa Maria Residence,** Inlet Road, Tel./Fax 09/407 9311, www.villa-maria.co.nz. Fünf mit Küche ausgestattete Bungalows. ○○

*Cape Reinga ⑩

116 km ab Kaitaia. Briefmarkensammler sollten nicht vergessen, einen Sonderstempel des nördlichsten Postamts Neuseelands mit nach Hause zu nehmen! Am strahlend weißen **Leuchtturm** sind einige internationale Kilometer-Entfernungen angegeben. Unterhalb der Klippen vereinigen sich die gewaltigen Wassermassen von Pazifik und Tasman Sea. Laut Maori-Mythologie entfliehen hier die Seelen der Verstorbenen.

Zurück nach Awanui gibt es – allerdings nur für geländegängige Fahrzeuge – eine interessante Alternativroute: die Sandpiste des **Ninety Mile Beach.** Der dünengesäumte, bei Ebbe breite und flache Strand an der Westküste ist genau genommen nur etwa 90 km lang.

 Northland Information Centre, Kaitaia, South Road, Tel./Fax 09/408 0879, www.northnz.co.nz/kaitaia.htm.

 Backpacker Hostel und Campingplatz **Wagener Park,** Houhora Heads Rd., Tel./Fax 09/409 8850, www.northlandholiday.co.nz. Am Wagener Museum mit schönen Sandstränden und Golfplatz in der Umgebung. ○

Zurück nach Auckland

Von Kaitaia führt der Hwy. 1 vorbei an den ausgedehnten Wäldern von **Omahuta** und **Puketi** mit einigen stattlichen Kauris, die weder der übereifrigen Holzwirtschaft des vergangenen Jahrhunderts zum Opfer fielen noch den Gum Diggers, die auf der Suche nach dem wertvollen Kauri-Harz nicht nur die hellbraunen Klumpen aus der Erde buddelten, sondern auch die Stämme tief einritzten und ausbluten ließen.

Bei Ohaeawai zweigt der Hwy. 12 ab. Über Kaikohe, vorbei an der Dünenlandschaft von Opononi, fährt man ein in das grüne Dickicht des **Waipoua Kauri Forest ⑪**. Hier wächst Neuseelands höchster Kauri-Baum 51,51 m in den Himmel (am Hwy. ausgeschildert). »Gott des Waldes«, *Tane Mahuta,* nennen ihn die Maori ehrfürchtig.

Interessant wird es dann wieder in **Matakohe ⑫**, wo das Otamatea Kauri & Pioneer Museum am Highway anschaulich und sehr plastisch den Kauri-Raubbau der Vergangenheit aufzeigt. Von hier sind es noch 185 km zurück nach Auckland.

Eine landschaftlich schöne Alternative ab Wellsford ist der **Twincoast Scenic Drive** entlang der Westküste nach Auckland (rund 20 km länger).

Tour 2

Ein reiches und schönes Land

Auckland → *Coromandel Peninsula → Bay of Plenty → **Rotorua (480 km)

Seite 59

Die Coromandel Peninsula rühmt sich, bis auf schneebedeckte Hochgebirgsgipfel alle landschaftlichen Reize des Inselstaates auf kleinem Raum zu vereinen. Vier Tage etwa brauchen Sie, um einen Eindruck davon zu bekommen. Im Süden schließt sich mit fruchtbaren Obst- und Gemüseplantagen die Bay of Plenty, die »Bucht des Überflusses«, an. Und dann sind Sie im brodelnden Rotorua.

Die Driving Creek Railway des kauzigen Töpfers Brickell

ℹ️ **Visitor Information,** 206 Pollen St., Tel. 07/868 7584, Fax 868 7284, www.thepeninsula. co.nz/thames/infocentre.htm.

🏠 **Grafton Cottage and Chalets,** 304 Grafton Road, Tel. 07/ 868 9971, www.thamesboutique lodge.co.nz. Gemütliche Chalets mit Panoramablick. ○○

❚ **Brian Boru Hotel,** 200 Richmond Street, Tel. 07/868 6523, . Pub und Hotel wurden durch die inszenierten »Murder Weekends« bekannt. Man muss jedoch über gute Englischkenntnisse verfügen, um den »Ermittlungen« folgen und seine Unschuld beweisen zu können. ○○

*Thames ⑬

Die Kleinstadt (6800 Einw.) war einst pulsierendes Goldgräberzentrum: 1867 lösten kostbare Funde eine Stampede in Richtung Coromandel aus. Das Gold wurde v. a. aus dem Quarzgestein im Fels gebrochen, eine mühselige Handarbeit, die man in der stillgelegten **Golden Crown Mine** (Tararu Road, Führungen Dez.–April tgl. 8–18 Uhr) nachvollziehen kann. Selbst die **Stamper Battery** zerstampft noch unter ohrenbetäubendem Lärm Gesteinsbrocken zu Sand, aus dem das schwere Gold ausgewaschen wurde. In der ehemaligen School of Mines sind heute im **Mineralogical Museum** (Cochrane/Brown Sts., nur im Sommer tgl. 11–16 Uhr) interessante Gesteinsproben aus aller Welt zu bestaunen.

*Coromandel Peninsula ⑭

Auch die gleichnamige Stadt (1400 Einw.) im Nordwesten der Halbinsel hat auf Gold gebaut. Heute lebt sie überwiegend von Touristen. Was die alten Siedler mit ihrem Rodungswahn im Innern der Halbinsel angerichtet haben, versucht der kauzige Töpfer Barry Brickell auf seine Weise wieder gutzumachen: Unermüdlich bepflanzt er seinen 30 ha großen Naturpark mit jungen Kauri-Bäumen. Als Transportmittel dient ihm eine rumpelnde Schmalspureisenbahn, die ****Driving Creek Railway,** die auch Gäste rund eine Stunde durch die Wildnis kutschiert (Kennedys Bay Rd., tgl. 10, 14 Uhr, Nov.– April auch 16 Uhr und nach Bedarf; reservieren! Tel. 07/ 866 8703, www.drivingcreekrailway. co.nz).

Karamana, Whangapoua Road, Tel. 07/866 7138, www.karamanahomestead.com. Stilvolles B & B von 1872. ○○
Camping: Shelly Beach Motorcamp, Colville Road, Tel. 07/866 8988. 5 km außerhalb an einem schmalen Strand gelegen.

Whitianga

Eine kurvenreiche, unbefestigte Straße (»Hwy.« 309) schlängelt sich durch das Innere an die von unzähligen Sandstränden gesäumte Ostküste. Dort liegt der Urlaubsort (3000 Einw.), im Sommer voller Leben, im Winter ziemlich ausgestorben. 4 km lang ist der sandige **Buffalo Beach** in der malerischen Mercury Bay. Weitaus feiner ist der Sand gegenüber auf **Cooks Beach,** wo der entdeckungsfreudige Captain erstmals auf neuseeländischem Boden die britische Fahne gehisst haben soll. Den schönsten Ausblick über die gesamte Bucht hat man von den **Shakespeare Cliffs,** ca. 2 km südöstlich von Whitianga entfernt.

Visitor Information, 35 Albert Street, Tel. Fax 07/866 5555, www.whitianga.co.nz.

Personenfähre: Whitianga – Ferry Landing/Cooks Beach; 7.30–18.30 Uhr (im Jan. bis 22.30 Uhr) nach Bedarf.

Der Hot Water Beach macht seinem Namen alle Ehre

Mercury Beach Beachfront Resort, 111–113, Buffalo Beach Road, Tel. 07/866 5637, www.beach frontresort.co.nz. Direkt am Strand, mit gutem Restaurant. ○○
Camping: Buffalo Beach Tourist Resort, Eyre Street, Tel. 07/866 5854. Vermietet auch preiswerte, saubere Hütten.

Purangi Winery, Purangi Road, Tel. 07/866 3724. Wein und Snacks. ○

Strände

Die schönsten Strände südlich von Whitianga liegen bei **Hahei,** einer kleinen Ferienhaussiedlung. Von dort ist ****Cathedral Cove** ausgeschildert. Nach einem halbstündigem Fußmarsch vom Parkplatz breitet sich der Sandstrand aus wie ein verzaubertes Fleckchen Erde, unterhalb von grün überwucherten Steilfelsen, eingerahmt von mächtigen Klippen, von der Brandung zu einer torähnlichen Öffnung ausgehöhlt.

**Hot Water Beach bietet zweifellos das bizarrste Stranderlebnis (12 km von Hahei, von der Hauptstraße ausgeschildert; Campingplatz): Bei Ebbe dringen heiße Thermalquellen an die Oberfläche des Strandes. Wer sich hier eine Wanne in den Sand nahe den Felsen buddelt und mit der nächsten Meereswoge einen Schuss Kaltes hineinlässt, kann ein wohltemperiertes Bad genießen.

Die Feriensiedlung **Pauanui Beach** an der Mündung des Tairua River hat eine große Marina und einen breiten Sandstrand.

Puka Park Resort,

Mount Ave., Tel. 07/864 8088, www.pukapark.co.nz. Sympathische Lodge, 1 km vom Bilderbuchstrand Pauanui entfernt. ○○○. Gutes Restaurant. ○○○–○○

An der Bay of Plenty

Waihi ⑮ (4300 Einw.) gehört bereits zum Hinterland der Bay of Plenty. Und hier gibt es immer noch »plenty of gold«, Gold im Überfluss, in der *Mar-

tha Mine am östlichen Stadtrand. In einem gewaltigen, bis zu 200 m tiefen Krater baut eine private Gesellschaft Gold und Silber ab. Von alten Minentagen zeugen noch die efeuumrankten Mauern des im Jahre 1901 errichten Pumpenhauses. Davor das Informationszentrum (07/863 9880) der neuen Mine, wo kostenlose Führungen durch das Abbaugelände starten (9, 10.30, 13 und 14.30 Uhr; Tel. 07/863 9880).

*Te Puke ⑯ (6000 Einw.) nennt sich die »Welt-Kiwi-Hauptstadt«. Riesige Mengen der »Chinesischen Stachelbeere«, wie die Vitamin-C-reiche Frucht nach ihrem Herkunftsland auch heißt, werden hier im April und Mai geerntet. Dann ist auch ein Besuch der Plantage Kiwi Fruit Country am interessantesten (am Hwy. 2, Öffnungszeiten: tgl. 9–17 Uhr, letzte Führung um 15.45 Uhr).

2

Seite 59

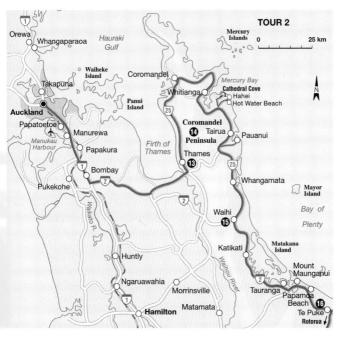

****Rotorua ⑰**

Über der Stadt (53 700 Einw.) und dem See qualmt es, die Luft ist erfüllt von einem impertinenten Gestank, so als habe man faule Eier geöffnet: Schwefeldämpfe strömen aus unzähligen Erdlöchern wie aus offenen Ventilen. Darunter brodelt es. Geothermik lässt kochende Quellen sprudeln, Geysire heiße Wasserfontänen ausspucken und Schlammlöcher blubbern. Die Region um Rotorua ist ein Zentrum vulkanischer Aktivitäten.

Geysire spucken heiße Wasserfontänen

Rotorua ist auch Mittelpunkt der Maori-Kultur, Heimat des einst mächtigen *Te Arawa*-Stammes. Die Nachkommen verstehen es, ihr Maoritum professionell zu vermarkten.

In der ****Te Whakarewarewa Thermal Reserve Ⓐ**, kurz »Whaka« genannt, spucken eine Menge Geysire an den befestigten Wegen um die Wette, heiße Teiche und Pfützen sind am Rand schwefelgelb verfärbt. Der Eingang zum Thermalgebiet befindet sich am angrenzenden ****Arts & Crafts Institute** (Hemo Rd., Verlängerung der Fenton St., südlich der Innenstadt, tgl. 8–17, im Sommer bis 18 Uhr). Hier werden junge Maori in der traditionellen Holzschnitzkunst unterwiesen. Besucher dürfen zuschauen. Zur Anlage gehört eine nachgebaute Maori-Befestigungsanlage.

> **Tipp** Im Versammlungshaus auf dem Marae werden authentische ****Maori-Konzerte** mit Tanz und Gesang aufgeführt (tgl. 12.15 Uhr).

Eine traditionelle Dorfgemeinschaft lebt in ***Ohinemutu Ⓑ** am Seeufer nördlich der Innenstadt (von der Lake Road bzw. von Downtown Lakefront ausgeschildert). Die Maori nutzen die heißen Quellen als Waschtrog oder auch zum Kochen. Innen wie außen sehenswert ist die 1810 errichtete St. Faith's Anglican Church.

Im ****Polynesian Spa Ⓒ** (Hinemoa St., tgl. 6.30–23 Uhr) können Sie in Thermalbecken und warme Private Pools eintauchen. Das einstige Badehaus (Bath House), heute das imposante ***Rotorua Museum of Art & History** (Goverment Gardens, tgl. 9–17 Uhr) – 1907 im Tudorstil errichtet –, zeigt eine packende Ausstellung über die Te-Arawa-Maori und ein Video über den todbringenden Ausbruch des Vulkans Tarawera im Jahre 1886.

*Buried Village Ⓓ. 15 km von Rotorua entfernt liegt das bei der Vulkaneruption verschüttete Dorf Te Wairoa. Die ausgegrabenen Überreste sehen Sie im Freilichtmuseum.

Der fast 4 ha große ***Whakarewarewa Forest Park Ⓔ** (Long Mile Road) mit Besucherzentrum ist durch ein Netz von Wanderwegen und interessanten Lehrpfaden erschlossen.

Im **Agrodome Ⓕ** erfahren Besucher im Rahmen einer gut inszenierten *Farm Show* alles über Neuseelands Schafe und Hirtenhunde (mindestens drei Shows tgl., 9.30, 11, 14.30 Uhr).

> **Tipp** Abenteuerlustige können auf dem Gelände eine atemberau-

Seite 61

Ein Rundflug über dem Tarawera bietet spektakuläre Blicke

bende Jet-Boat-Fahrt unternehmen, einen Bungy Swing wagen oder im »Zorb«, einer riesigen Plastikkugel, rasant talwärts rollen.

*Rainbow Springs ⓖ (Fairy Springs Rd.) ist ein bunter Park mit vielen Tieren. Die Rainbow Farm zeigt eine ähnliche Show wie das Agrodome, allerdings in etwas familiärer Atmosphäre (tgl. ab 10.30 Uhr). Die Gondeln der Skyline Skyrides bringen Wagemutige auf den Mt. Ngongotaha und rasant wieder hinunter auf einer kurvenreichen, 900 m langen Rutsche (tgl. 10 bis 17 Uhr).

Infos Rotorua

Vorwahl 07

Visitor Information, 1167 Fenton St., Tel. 348 5179, www.rotoruanz.com. Holen Sie sich dort eine Stadt- und Umgebungskarte (ca. 1 NZ $), die die Orientierung sehr erleichtert.

Rundflüge: Vom Flugplatz (aber auch vom Lake Rotorua, Downtown Lakefront) starten empfehlenswerte Rundflüge über die Kraterlandschaft (Volcanic Air Safaris, Tel. 348 9984, www.volcanicair.co.nz).

Regal Geyserland Resort Hotel, Fenton St., Tel. 348 2039, www.ki-wi.co.nz/geyser.htm. Besonders nah an den blubbernden Schlammlöchern. ○○○

▌**Rotorua Central Backpackers,** 10 Pukuatua St., Tel. Fax 349 3285. Sehr zentral, Mehrbettzimmer.

▌Viele Motels an der Fenton Street. **Camping: Rotorua Thermal Holiday Park,** Old Taupo Rd., Tel. 346 3140, Fax 346 1324. Preiswerte Cabins nahe an den Thermalgebieten.

Poppy's Villa, 4 Marguerita St., Tel. 337 1700. Ambiente und Essen sind sehr geschmackvoll. ○○

▌**Zambique,** 1111 Tutanekai St., Tel. 349 2140. Ein Hauch von Afrika mit moderner Kiwi-Küche. ○○

Tipp Ein gutes traditional *Maori Hangi* bietet **Tamaki Tours** ab 17 Uhr an, Tel. und Fax 346 2823.

Pig & Whistle, Haupapa/ Tutanekai Sts. Selbstgebrautes im Garten bei Livemusik.

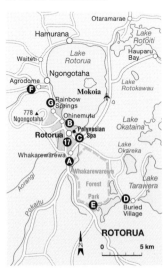

2

Seite 61

Kurs auf den weißen Berg

Auckland → Hamilton → **Waitomo → *Taranaki National Park → Wanganui (550 km)

Traditioneller Maori-Gruß: der Hongi

Mt. Taranaki für die Maori, Mt. Egmont für die Engländer – ein 2518 m hoher Gipfel mit zwei Namen überragt den Westen der Nordinsel gleichmäßig kegelförmig und dem Fuji zum Verwechseln ähnlich. Wenn Sie die Strecke fahren wollen, sind Sie drei bis vier Tage unterwegs.

3

Seite 66

Waikato

Ngaruawahia ⑱ (6200 Einw.) am Hwy. 1 ist für die Maori der Waikto-Region von großer Bedeutung: Hier wählten verbündete Maori-Stämme 1858, während der großen Landkriege gegen die weißen Siedler, ihren ersten »König«, praktisch als Gegenpart zur britischen Krone. Seitdem ist die Stadt Sitz des Maori King oder der Maori Queen. Das königliche Oberhaupt wacht heute allerdings nur noch über das soziale und kulturelle Leben der Maori (s. S. 22). Als Palast dient das Turangawaewae Pa mit seinem reich verzierten Versammlungshaus (River Rd.). Die Anlage ist nicht zugänglich, man sieht sie aber vom Highway (von der Brücke über den Waikato River).

Hamilton ⑲ (159 000 Einw.) entstand aus einem Militärlager, das während der Landkriege in der zweiten Hälfte des 19. Jhs. am Ufer des Waikato errichtet wurde. Heute ist Neuseelands viertgrößte Stadt ein modernes Landwirtschaftszentrum. Eine Ausstellung über die Waikato-Maori zeigt das *Waikato Museum of Art and History (Grantham/Victoria Sts., tgl. 10–16.30 Uhr). Beinahe stimmungsvoll mutet die eher nüchterne Stadt bei einer der beliebten Flussfahrten an, oft verbunden mit Dinner, Lunch oder Afternoon Tea. Ältestes und romantischstes Wasserfahrzeug ist der Raddampfer »M.V. Waipa Delta« von 1877 (ab Memorial Park).

> **i** **Visitor Information,** Hamilton, Caro/Angelsea Sts. (Garden Place), Tel. 07/839 3580, Fax 839 0794, www.hamiltoncity. co.nz./visitorsinfo.html

**Waitomo Caves ⑳

In Hangatiki geht es rechts zu den weitläufigen Kalkstein-Höhlen ab, die erstmals 1887 per Floß erforscht wurden. Zahlreiche Boote schleusen die Touristen durch den berühmtesten Höhlenabschnitt, die Glühwürmchengrotte (tgl. 9–17, im Sommer bis 17.30 Uhr).

> **Tipp** Wenn Sie auf Schläuchen durch die Höhlenwelt schwimmen wollen, buchen Sie **Black Water Rafting.** Für Abenteurer bieten sich atemberaubende Höhlenexkursionen an (z. B. Abseiling, s. auch S. 29).

In der Glühwürmchengrotte

i Museum of Caves Visitor Information, Waitomo, Main St., Tel. 07/878 7640, Fax 878 6184, www.tourism.waitomo.govt.nz/activity_html.

Waitomo Caves Hotel, Tel. 07/878 8204, www.waitomocaveshotel.co.nz. Einige renovierte Zimmer, auch einfache Unterkünfte. ○○–○

▌ Glenview Station, Te Kuiti, Tel./Fax 07/878 7705. Farmstay, 5 km von den Höhlen entfernt. ○○
Camping: Waitomo Top Ten Holiday Park, Tel. und Fax 07/878 7639. Gepflegter Platz in der Ortsmitte. Auch Tourist Flats und einfache Cabins.

Taranaki

*New Plymouth ㉑ (48 500 Einw., 370 km). Öl- und Gasresourcen im Umland und vor allem unter dem Meeresgrund vor der Küste haben die ehemals ländliche Siedlung in eine Industriestadt verwandelt. Von hier aus wird heute Erdgas in weite Teile der Nordinsel gepumpt. Reizvoll ist aber dank der Küstenlage am Fuß des Mt. Taranaki die Umgebung. Nur selten hat man von unten freie Sicht auf den stets schneebedeckten Gipfel des erloschenen Vulkans, der gegen Mitte des 17. Jhs. zum letzten Mal durch einen Ausbruch schreckte.

20 km südwestlich lockt der ***Pukeiti Rhododendron Trust ㉒** v. a. im

3

Seite
66

Glühwürmchen

Was so heimelig und romantisch vom dunklen Höhlengewölbe funkelt, ist nichts anderes als die farblose, bis zu 3,5 cm große Larve der Fungus-Mücke. In einem aus Seidenfäden gesponnenen, röhrenartigen Nest hängt sie an der Decke. Den körpereigenen Leuchtstoff setzt die Larve (mittels einer chemischen Reaktion im Verdauungssystem) nur in Gang, um andere Insekten anzulocken und mit klebrigen, etwa 10 cm langen Seidenfäden am Nest Beute zu machen. Sobald ein Insekt, ob Fliege oder Tausendfüßler, eine der durchsichtigen Schnüre berührt, hängt es in der Falle, wird in Windeseile ins Nest gezogen und verspeist. Nach etwa acht Monaten verpuppt sich die Larve und bricht nach weiteren zwei Wochen als voll entwickelte Fungus-Mücke aus der Hülle aus. Doch nur kurz ist ihr Leben, das kaum mehr als 48 Stunden dauert und nur einen Zweck hat: die Fortpflanzung! Aus dem vom Weibchen gelegten Ei schlüpft nach 20 Tagen ein neues Glühwürmchen.

Seite 66

Majestätisch: Mount Taranaki

Sept./Nov., den blütenreichsten Monaten im üppigen, 360 ha großen Park (Upper Carrington Road).

 Visitor Information,
New Plymouth, Liardet/Leach Sts., Tel. 06/759 6080, Fax 759 6073, www.taranakinz.org.

Nur ein sehr durchschnittliches Angebot. Ein gemütliches B & B ist **Henwood House** (122 Henwood Rd., Tel. 06/755 1212), fünf Fahrminuten von der City entfernt. ○○

Gareth's, 182 Devon St., Tel. 06/758 5104. Internationale Küche. ○○○–○○

Aufgrund der isolierten Lage von anderen Bergregionen hat sich im ***Taranaki National Park ㉓** eine spezielle Vegetation entwickelt. Verhältnismäßig viele einheimische Bäume prägen noch die Wälder bis zur Baumgrenze. Oberhalb bedeckt Tussock-Gras die Hänge.

Der Hwy. 45 führt im Westen küstennah um den Berg herum. Umrun-

det hat man ihn nach 180 km. Der kürzeste Weg nach Süden ist die Fortsetzung des Hwy. 3, der über **Stratford ㉔** (5700 Einw.) wieder an die Küste führt. Stratford fungiert hauptsächlich als Talstation des Mt. Taranaki. Im Winter logieren hier Skiläufer, im Sommer Wanderer und Kletterer. Zwei Straßen führen auf den Berg. Eine endet auf 845 m am Stratford Mountain House, nahe den Skipisten. Die andere führt zu den 924 m hoch gelegenen Dawson-Wasserfällen. Von beiden Bergstationen gehen zahlreiche Wanderwege ab.

Mountain House Motor Lodge,
Stratford, Pembroke Rd., Tel./Fax 06/765 6100, www.mountainhouse.co.nz. ○○
▌ **Dawson Falls Tourist Lodge,** Kaponga, Manaia Rd., Tel./Fax 06/765 5457. ○○
In beiden Hotels ist man dem Mount Taranaki am nächsten.

Wanganui

Über Hawera, Zentrum der südlichen Taranaki-Region, führt der Hwy. 3 nach **Wanganui ㉕** (41 200 Einw.) an der Mündung des Whanganui. Lange vor den Europäern fuhren die Maori hier, von den Flussufern im Landesinnern kommend, mit ihren Kanus zum Fischen hinaus auf die offene See.

 Tipp Täglich um 14 Uhr startet der historische Raddampfer »Waimarie« zur 2-Stunden-Fahrt auf dem Fluss (Riverboat Centre, 1a Taupo Quay, Tel. 06/347 1863)

Visitor Information,
Wanganui, 101 Guyton St., Tel. 06/349 0508, Fax 349 0509, www.wanganui.com.

Tour 4

In den entlegenen Osten

**Rotorua → *Whakatane → **Napier → *Cape Kidnappers (685 km)

Die natürlichen Vorzüge der sonnenverwöhnten Region wissen die Maori bis heute zu schätzen. Zahlreich leben sie hier in ihren traditionellen Sippenverbänden. Für Unruhe sorgen noch immer Erdstöße. Veranschlagen Sie fünf Tage für die Strecke mit dem viel versprechenden Namen Pacific Coast Highway.

*Whakatane ㉖

Dass hier noch 1987 ein Erdbeben die Mauern wackeln ließ, sieht man dem beschaulichen Küstenort, der sich für den Tourismus herausputzt, nicht mehr an. Ein Grund ist der ansehnliche, über Weihnachten von rot blühenden Pohutekawas eingerahmte Ohope Beach.

Tipp »Mit Delphinen schwimmen« organisiert Karen Waite vor der Küste (Dolphins Down Under, The Wharf, Tel. 07/ 308 4636, ca. 3 Std., www.whaleguidecome).

Ausflug nach *White Island
Die 50 km von der Küste entfernte Vulkaninsel schlummert nur. 1966 gab es den letzten Ausbruch, bei dem lediglich Asche herausgeschleudert wurde. Rundflüge gewähren faszinierende Einblicke in den aus heißen Quellen dampfenden Krater (tgl. ab Whakatane Airport, www.vulcanheli.co.nz),

Ein schlummernder Vulkan: White Island

täglich fährt ein Boot von Whakatane nach White Island (»P. J.«, Tel. 0800/ 733 529, 5–6 Std.).

 Visitor Information, Whakatane, Quay St., Tel./Fax 07/ 308 6058, www.whakatane.govt.nz.

4

Seite 67

Schiffsverbindungen: Im Dez./Jan. unregelmäßig Tagesausflüge von Weigh-In Wharf (bei Whakatane Heads) zur Moutohora (Wale) Island mit reicher Fauna und Flora.

Surfs Reach Motel, Ohope Beach, Tel. 07/312 4159, www.surfreachmotels.co.nz. Alle Zimmer mit Meerblick. ○○
Camping: Ohope Beach Holiday Park, Harbour Rd., Tel. 07/312 4460. Mit direktem Zugang zum Strand, preiswerte Cabins.

Go Global, Commerce St./ The Strand, Tel. 07/308 9000. Bar und gutes Restaurant. ○○
❙ **Wharf Shed,** The Wharf, Tel. 07/ 308 5698. Mit Blick auf den Fluss. ○○

Zum East Cape ㉗

East Cape heißt die waldreiche Halbinsel, die sich so vorwitzig zwischen Whakatane und Gisborne ins Meer

reckt. Kurvenreich, oft dicht an der Küste entlang, verläuft hinter **Opotiki** der
Hwy. 35, der **Pacific Coast Highway.**
Schöne Strände gibt es im Eastland
mehr als genug, und selbst in der
Hauptsaison wird man noch die eine
oder andere kleine feinsandige Bucht
ganz für sich haben!

In Te Araroa zweigt die Straße zum
östlichsten Punkt ab, markiert durch
das **East Cape Lighthouse.** Weit über
600 Stufen machen den Aufstieg zum
Leuchtturm beschwerlich. In den frühen Morgenstunden wird man aber
mit einem grandiosen Sonnenaufgang
entschädigt. **Anaura Bay, Tolaga Bay**
und **Waihau Bay** im Südosten des
East Cape haben herrliche Strände.

Visitor Information, Opotiki,
St. John/Elliott Sts.,
Tel. 07/315 8484, Fax 315 6102,
www.visitplenty.co.nz.

Camping: 6 Campingplätze am Pacific
Coast Highway zwischen Opotiki und
Gisborne. Einfache Motels in Te Kaha,
Waihau Bay, Hicks Bay, Te Araroa,
Tikitiki, Ruatoria, Te Puia und (besser
ausgestattet) Tolaga Bay. Erkundigen
Sie sich in Opotiki oder Gisborne.

*Gisborne ㉖

Wo sich heute Neuseelands östlichste
Stadt (31 500 Einw.; 470 km) ausbrei-
tet, betrat James Cook als erster Europäer am 9. Oktober 1769 neuseeländischen Boden. Die historische Stelle
am **Kaiti Beach** wird neben der Mündung des Turanganui River durch ein
Denkmal markiert, überragt vom **Kaiti
Hill.** Von oben bietet sich ein herrli-
cher Rundblick über Stadt, Hafen und
die Poverty Bay mit dem südlichen
Klippenvorsprung **Young Nick's Head,**
benannt nach Nicholas Young, dem

TOUREN 3-5

0   50 km

4

Denkmal für den Schiffsjungen Nicholas Young

4

Seite
67

Schiffsjungen, der als Erster Neuseeland gesichtet haben soll. Am Fuß des Hügels steht das **Poho-o-Rawiri Marae,** eines der größten in ganz Neuseeland, mit kunstvollen Holzschnitzereien (Besuchserlaubnis im Visitor Centre).

Visitor Information, Gisborne, 209 Grey Street, Tel. 06/868 6139, Fax 868 6138, www.gisbornenz.com.

Blue Pacific Motel, 90 Salisbury Rd. Tel. 06/868 6099. ○○ ▮ **Whispering Sands,** 22 Salisbury Rd., Tel. 06/867 1319, www.manz.co nz/whispering.sands. ○○ Beide Motels liegen stadtnah am Strand.

Cview, Salisbury Rd., Tel. 06/ 867 5861. Direkt am Wasser. ○○

▮ **Marina,** Marina Park, Tel. 06/868 5919. Blick auf Fluss und Stadt, moderne neuseeländische Küche. ○○○–○○

*Te Urewera National Park ㉙

Wairoa ist das Tor zum 30 km entfernten Nationalpark. Dichter, urwüchsiger Wald bedeckt den Park um den ausgedehnten **Lake Waikaremoana.** Kurvenreich führt der Hwy. 38 durch den Wald, der reizvollste Abschnitt liegt ganz nah am Seeufer. Zu Fuß kann man den Park auf verschieden langen Wanderpfaden erkunden oder bei Kajaktouren über den fischreichen See das schier endlose Ufer abfahren. Karten und Broschüren, auch über geführte Wanderungen, sind erhältlich im DOC Visitor Information Centre Waikaremoana (an der Seeuferstraße, Tel. und Fax 07/837 3803).

**Napier ㉚

Die bedeutendste Stadt (52 500 Einw.; 690 km) an der **Hawke Bay** hat das gewisse Etwas. Nicht nur das milde Klima mutet mediterran an. Die Atmosphäre um die **Marine Parade,** die abends von bunten Lämpchen erleuchtete Uferpromenade, erinnert an laue Urlaubstage an der Riviera. 1931 machte ein Erdbeben die Stadt fast dem Erdboden gleich. Sobald kaum hatte sich die Bevölkerung von dem Schock erholt, begann in Windeseile der Wiederaufbau – und zwar überwiegend im *Art-déco-Stil.* Heute gilt Napier weltweit als die Art-déco-Stadt überhaupt. Davon kann man sich am besten auf dem ****Art-déco-Spaziergang** überzeugen, der an fast allen exemplarischen Bauwerken vorbeiführt (Wegweiser ist bei der Visitor Information erhältlich). Mehr über das Erdbeben erfährt man bei der spannenden Audiovisionsshow im ***Hawke's Bay Art Gallery & Museum** (65 Marine Parade, tgl. 10–16.30 Uhr).

Im ***National Aquarium of New Zealand** schwimmen auf drei Etagen

Napier erstrahlt nach dem Wiederaufbau im Glanze des Art-déco

Am Cape Kidnappers

Meerestiere aus der Bucht, kommt man den scheuen Kiwis im Dämmerlicht des Kiwi-Geheges ganz nah (Marine Parade, tgl. 9–19 Uhr, April–Nov. bis 17 Uhr).

Unter Seelöwen und See-Elefanten sind Delphine die Stars der 45-minütigen Show im ***Marineland** mit unterhaltsamen Delfin- und Robbenvorführungen (Marine Parade, tgl. 10.30, 14 Uhr). Zu unterschiedlichen Zeiten kann man hier in einem Becken auch mit Delfinen schwimmen.

Visitor Information,
Napier, 100 Marine Parade,
Tel. 06/ 834 1911, Fax 835 7219,
www.hawkesbaynz.com. Broschüre zum Art-déco-Spaziergang. Ausflüge zur Tölpel-Kolonie.

Harbour View Motor Lodge,
Hardinge Rd., Ahuriri, Tel. 06/ 834 1017, www.harbourview.co.nz. Etwas außerhalb am Meer. ○○
❚ **Kennedy Park Motel & Motor Park,** Storkey St., Tel. 06/843 9126. Preiswerte Cabins, Campingplatz. ○

Ginprap, 64 West Quay, Ahuriri, Tel. 06/835 0199. Sehr populär und am Wasser gelegen. ○○○
❚ **Ujazi,** 28 Tennyson St., Tel. 06/835 1490. Café und Restaurant mit »local art«. ○
❚ **Westshore Fish Café,** 110 Charles St. (außerhalb), Tel. 06/834 0227. Guter, frischer und preiswerter Fisch. ○
❚ Das Masonic Hotel mit **»Breakers«** und **»Aqua«** hat manchmal Livemusik und ist ein netter Treff, genau wie **»Shed 2«** (58 West Quay). ○

Seite 67

*Cape Kidnappers

James Cook taufte das Kap so, als Maori hier vor der Steilküste einen seiner Seeleute gekidnappt hatten. **Gannet Beach** heißt der Küstenvorsprung auch nach der **Tölpel-Festlandskolonie ㉛**, in der oberhalb der Klippen zahllose Vögel nisten (zugänglich Mitte Okt.–Ende April). Ab Clifton geht es zu Fuß (4 Std. hin und zurück, auf Tide-Zeiten achten) oder im Rahmen einer geführten Tour (ab Te Awanga Motor Camp, südöstlich von Napier, Tel. 06/875 0334) weiter. Alle Touren sind abhängig von Ebbe und Flut!

Tour 5

Mitten durchs Herz Neeseelands

****Rotorua → **Lake Taupo
→ ***Tongariro National Park
→ Wellington (650 km)**

Die Champagne Pools

Nicht ohne Grund führt die Haupt-
touristenroute durch die Mitte der
Nordinsel. Der kürzeste Weg nach
Wellington dauert, mit Unterbrechun-
gen, vier Tage und ist zugleich der
landschaftlich aufregendste, begleitet von Urgewalten aus dem Erdinnern.

Die »Hot Line«

Nach nur 15 km auf dem Hwy. 5 glaubt
man, in eine Fabelwelt einzutauchen –
es dampft und zischt zwischen blühenden Büschen und saftig grünen
Wiesen. Seit der Eruption des benachbarten Mt. Tarawera ist das lang gezogene ****Waimangu Valley** ❸❷ wie ver-
zaubert. Heiße Quellen speisen den
Hot Water Creek, und 50 °C setzen
den 5 ha großen See in Waimangu-
Kessel ständig unter Dampf. Etwa eine
Stunde dauert der Fußmarsch durch
das Tal bis zum **Lake Rotomahana,** wo
der Vulkanausbruch das achte Welt-
wunder vernichtet hat: die weltbe-
rühmten Sinterterrassen.

Das nächste kleine Thermalgebiet
heißt ***Waiotapu** ❸❸. Geysire, heiße
Schlammbecken und brodelnde Seen
liegen dicht an dicht. Mit dezent auf-
steigenden Bläschen lassen die
Champagne Pools die Hitze aus dem
Erdinnern auf elegante Art und Weise
entweichen (tgl. 8.30–16.30 Uhr).

Gleich neben dem Waiotapu-
Thermalgebiet brodelt der
pünktlichste unter den Geysiren. Täglich um 10.15 Uhr beginnt er zu schäu-
men, um alsbald eine bis zu 15 m hohe
Wasserfontäne auszuspucken. Doch
das Naturschauspiel ist alles andere
als natürlich: Eigens für die umstehen-
den Touristen wird der **Lady Knox
Geysir** künstlich und gar nicht um-
weltfreundlich durch Beigabe von
Waschpulver aktiviert. Das in Seifen
enthaltene Natriumkarbonat (Soda)
hebt die Oberflächenspannung des
unter hohem Druck stehenden Ther-
malwassers auf, das dann als Fontäne
aus der engen Geysiröffnung schießt.

Campingplatz im **Waikite Valley**
bei Waiotapu ab Hwy. 5, Tel. 07/
333 1861). Hübsch, ruhig und mit
einem »mineral pool«.

13 km vor Taupo führt ein Abzweig
vom Hwy. 5 zu zwei Aussichtsplattfor-
men oberhalb der **Aratiatia Rapids.**
Die tosenden Stromschnellen des
Waikato River ergießen sich hinter
dem Stausee, der ein Wasserkraftwerk speist (Schleusenöffnung um 12,
14, 16 Uhr).

Nur 6 km weiter steigt rechts vom
Highway dichter weißer Dampf über
einem Gewirr von Rohren und Schlo-
ten auf. Hier nutzt das ***Wairakei-**

5

Seite
67

Thermalkraftwerk heiße Quellen zur Stromerzeugung. Die Technik wird im Visitor Centre erläutert (tgl. 9–16 Uhr, auch in Deutsch).

2 km weiter südlich zweigt links der Huka Falls Tourist Loop durch den ***Wairakei Tourist Park** ❸ ab. Am waldreichen Ufer des Waikato River sind ausgeschildert die **Prawn Farm** mit Führungen und einem guten Lunchangebot, die sich über lange Felsstufen herabstürzenden ***Huka Falls** sowie das ***Volcanic Activity Centre**, das über die geothermischen und vulkanischen Aktivitäten der Region informiert (Mo–Fr 9–17 Uhr, Sa, So 10–16 Uhr).

**Lake Taupo

*Taupo ❸ (19 000 Einw.; 82 km) hat sich seine Beschaulichkeit bewahrt. Attraktion Nummer 1 ist der mit 620 km² größte See Neuselands, entstanden vor einigen tausend Jahren bei einem gewaltigen Vulkanausbruch. Am Nordufer fließt der **Waikato River** aus dem See ab. Unter passionierten Anglern genießt Neuselands längster Fluss einen legendären Ruf. Denn die begehrten Regenbogenforellen schwimmen hier zahlreich.

Für einen Bootsausflug zu den **Maori Carvings,** Steinmetzarbeiten junger Künstler im Felsufer, empfiehlt sich der 60 Jahre alte Zweimaster *Barbary auf dem Lake Taupo (ab Taupo-Hafen, Okt.–Mai tgl. 10, 14 Uhr).

Visitor Information, Taupo, Tonariro St., Tel. 07/376 0027, Fax 378 9003, www.laketauponz.com.

Clearwater Motor Lodge, 229 Lake Terrace, Tel./Fax 07/ 377 2071, www.clearwatermotor

lodge.co.nz. Am See, jedes Zimmer mit Spa-Bad (Whirlpool und Thermalwasser). ○○

▮ **Karaka Tree Motel,** 216 Lake Terrace, Tel. 07/378 2432, www.golden chain.co.nz/karakatree. Gute Alternative zum Clearwater. ○○

▮ **Spa Hotel,** Spa Rd., Tel./Fax 07/ 378 4120. Etwas außerhalb, nahe an einem Thermalgebiet. ○○–○

Camping: De Bretts Thermal Resort, am Hwy. 5 Taupo–Napier, Tel. 07/ 378 8559, www.debrettsresort.co.nz. Sehr gute Campinganlage, rund 1 km vom Stadtzentrum entfernt mit populären Thermal Pools sowie einem Pub und einigen Motelzimmern. ○○–○

Walnut Keep, 77 Spa Rd., Tel. 07/378 0777. Moderne neuseeländische Küche. ○○○

▮ **The Bach,** 116 Lake Terrace, Tel. 07/378 7856. Kreative Pizzen in einem alten Cottage. ○○○–○○

▮ **Villino,** 45 Horomatangi St., Tel. 07/ 377 4478. Die Feinschmecker-Institution des Bayern Alex Obel. ○○○–○○

***Tongariro National Park ❸

Zentrum des Parks ist der 2796 m hohe aktive Vulkan **Ruapehu,** der im August 1996 das letzte Mal ausbrach. Die Bergstraße ab Whakapapa endet ca. 8 km weiter am Parkplatz »Top O'the Bruce« mit einer Reihe von Skihütten, Coffee- und Souvenirshop. Hier startet der Sessellift, der auch im Sommer Touristen auf ca. 2000 m Höhe bringt. Oben beginnen Touren (ca. 5 Std.) zum Kraterrand. Ausgangspunkt für Wanderungen und Klettertouren in der Bergwelt ist die 1100 m hoch gelegene Siedlung ***Whakapapa.** Der Park ist auch beliebtes Wandergebiet, Informationen über die verschiedenen Wege sind im DOC erhältlich.

5

Seite 67

DOC Visitor Centre,
Whakapaa, Mt. Ruapehu,
Tel. 07/892 3729, Fax 386 7086.

The Grand Chateau,
Whakapapa, Tel. 07/892 3809,
www.chateau.co.nz. Plüschiges Ambiente und schon wegen der Traumlage einen Besuch wert. Sehr gutes Restaurant. ○○○

▌ **Skotel,** Whakapapa,
Tel. 07/892 3719, www.skotel.co.nz.
Gemütliche Bleibe für Wanderer und Skiläufer. ○○–○

Camping: Whakapapa Holiday Park,
Tel., Fax 07/892 3897.
Campingplatz mit Cabins gegenüber dem DOC Visitor Centre.

Abstecher zum *Whanganui National Park ③⑦

Westlich des Skiortes Ohakune zweigt in Raetihi die fast 30 km lange, größtenteils unasphaltierte Zufahrt zum Ufer des *Whanganui River ab. **Pipiriki,** ein winziges Maori-Dorf am Rande des Nationalparks, liegt im landschaftlich reizvollsten Talabschnitt

Im Weinland

Als Ausflug von Wellington oder als Alternativroute ab Palmerston North über den Hwy. 2 lohnt für Weinfreunde unbedingt **Martinborough.** Gute Restaurants rund um den beschaulichen Square, originelle Souvenirläden und innovative Winzer (z. B. **Dry River, Palliser Estate, Te Kairanga** und **Martinborough Vineyard**) sind am Wochenende beliebte Ausflugsziele der Wellingtonians.

des »Rheins Neuseelands«, wie der Whanganui ehemals genannt wurde. Damals tuckerten mit Ausflüglern beladene Dampfschiffe den Fluss hinauf und hinab, und das Dorf besaß ein ansehnliches Hotel. Fotos aus dieser Zeit sind im Colonial House zu sehen (unregelmäßig geöffnet).

Heute verirren sich nur wenige Touristen hierher. Dabei kann man von hier aus mit dem Jet Boat weiter den Fluss hinauffahren bis zur vom Regenwald überwucherten **Bridge to Nowhere** (Auskünfte beim DOC oder bei der Visitor Information in Wanganui). Die Tour dauert hin und zurück ca. vier Stunden.

 DOC Visitor Centre,
Pipiriki, Colonial House, Tel. 06/ 385 4631, www.wanganui.govt.nz.

Weiter nach Wellington

Wer nicht nach Pipiriki möchte, gelangt ab Ohakune auf dem Hwy. 1 über Bulls und Palmerston North nach Wellington. 56 km vor der Hauptstadt liegt **Paraparaumu** ③⑧ an der auf Wochenendurlauber eingestellten Kapiti Coast. Dort stellt das *Southward Car Museum bestaunenswerte Oldtimer aus.

Tipp Nur 3 km südlich zeigt die *Lindale Farm,** wie man Schafe schert und Kühe melkt (tgl. 14 Uhr). Die größere Attraktion ist jedoch der Kapiti-Käseladen mit bester eigener Herstellung und toller Eiscreme.

Der Hwy. 1 endet in Wellington (s. S. 39 ff.). Die Ausfahrt Aotea Quay führt entlang des Hafens in die Innenstadt (Parkplätze für Wohnmobile an der Queens Wharf oder am Museum Te Papa, s. Karte S. 40).

5

Seite 67

Wechselbad der Impressionen

Christchurch → *Kaikoura → *Picton → **Marlborough Sounds → *Nelson → ***Abel Tasman National Park → Nelson Lakes National Park → Westport → **Pancake Rocks → *Hanmer Springs → Christchurch (1500 km)

Von rauen, klippenreichen Küsten führt der siebentägige Rundkurs im Norden an südseeähnliche Strände, von sanft gewölbten Obstgärten und Weinanbaugebieten in die schroffe, vegetationslose Gebirgswelt. Und zwischendurch geht es immer wieder durchs Dickicht der Regenwälder.

*Kaikoura ③⑨

Die Halbinsel vor dem Städtchen ist reich an Fischgründen und berühmt für ihre Langusten, die als *fresh crayfish* angeboten werden. Bekannt ist Kaikoura auch für Whalewatching – die Wale ziehen hier etwa 1 km vor der Küste ihre Runden. Man kann aber auch mit Delphinen baden gehen.

Mit ein wenig Glück kommt man gewaltigen Walen und verspielten Delphinen vor der Küste von Kaikoura ganz nah. Die imposanten Meeressäugetiere tauchen während ihrer Wanderung durch die Weltmeere regelmäßig im Nordosten der Südinsel auf: riesige Pottwale von April bis Juni, Killerwale im Sommer, Buckelwale im Juni/Juli, Delphine von Okt.–Mai. Überwacht von Tierschützern des DOC

Wale bei Kaikoura

fahren Boote mit maximal 30 Passagieren zum Whale Watching aus.

Visitor Information, Kaikoura, West End, Tel. 03/319 5641, Fax 319 6819, www.kaikoura.co.nz.

Whalewatching: Mehrmals täglich (eine Woche vorher buchen; bei schlechtem Wetter kann der Trip gestrichen werden; **Whale Whatch,** Tel. 03/ 319 6767 oder 0800-655 121, www.whalewatch.co.nz.

The White Morph Motor Inn, 94 Esplanade, Tel. 03/319 5014, www.whitemorph.co.nz. Einige Zimmer haben Meerblick. ○○○–○○
❚ **The Old Convent,** Mt. Fyffe Rd., Tel. 03/319 6603, www.theoldconvent.co.nz. Gemütliches B & B. ○○

The Green Dolphin, 12 Avoca St., Tel. 03/319 6666. Spitzengerichte, darunter Hummer, in pfiffigem Ambiente. ○○○–○○

Marlborough-Region

Blenheim ④⓪
Zunächst ganz dicht an der von Klippen unterbrochenen Küste führt der Hwy. 1 nach Blenheim (22 100 Einw.).

6

Seite 75

Viel Sonne und Feuchtigkeit, eine lange, trockene Hitzeperiode und die nach erfolgreicher Trockenlegung der Sümpfe guten Böden haben diesen Teil der Marlborough Region zu einem der ertragreichsten Weinanbaugebiete Neuseelands gedeihen lassen. So ist es dann auch in erster Linie die weinselige Stimmung in der Umgebung, die Touristen in die Stadt lockt.

Tipp Die Broschüre ***The Wineries of Marlborough** führt zu über 20 Winzern in Renwick, wo man probieren und kaufen kann (beim Visitor Centre erhältlich).

i **Visitor Information,** Blenheim, Innenstadt, am Hwy. 1, Tel. 03/578 9904, Fax 578 6084.

*Picton ⑪
Die Fähren zur Nordinsel bestimmen den Rhythmus der Stadt (3500 Einw.): Eben noch hektische Betriebsamkeit beim Aus- und Einladen, doch kaum sind die Leinen los, versinkt die idyllisch am Queen Charlotte Sound gelegene Kleinstadt regelmäßig in einen Dämmerschlaf. Unter den angebotenen Bootsausflügen in die verwirrenden Gewässer der ****Marlborough Sounds** reizt der preiswerte, fünfstündige *Mail Run* mit dem Postschiff ab Picton Town Wharf (tgl. außer So 13.30 Uhr, Tel. 03/573 6175).

Oder man macht sich zu Fuß auf den Weg, z. B. auf den 67 km langen Queen Charlotte Track entlang des Fjords. Der schönste Abschnitt verläuft zwischen Furneaux Lodge und Ship Cove (Tagesausflug ab Picton mit Cougar Line, Tel. 0800–504 090, www.cougarlinecruises.co.nz).

i **Visitor Information,** Picton Foreshore, Tel. 03/573 7477, Fax 573 5021.

Die Marlborough Sounds

▮ **DOC Visitor Information,** Picton Foreshore, Tel. 03/573 7582. Alle erforderlichen Infos für Ausflüge in die Nationalparks der Südinsel.

Flugverbindungen: Soundsair fliegt zwischen Wellington und Picton, Tel. 03/520 3080, gebührenfrei in NZ 0800-505 005.
Fährverbindungen: Reservierungen für die Fähre der Interislander/Lynx: Tel. 04/498 3999, gebührenfrei in NZ 0800–802 802, www.tranzrail.co.nz.

Punga Cove Resort, Punga Cove, Tel. 03/579 8561, www.pungacove.co.nz. Guter Ausgangspunkt für Wanderungen auf dem Queen Charlotte Walk. ○○○–○
▮ **The Lazy Fish,** Tel. 03/579 9049, www.lazyfish.co.nz. In den Marlborough Sounds gelegen und nur per Boot erreichbar. Ruhige, gemütliche Bungalows. ○○○
▮ **Beachcomber Inn,** Waikawa Rd., Tel. 03/573 8900, www.pictonhotel.com. Zentral in der Nähe des Fähranlegers. ○○

Sehr eingeschränkte Auswahl an Restaurants. **Cibo, Barn Café, Le Café, Expresso House** oder **Settler's Arms** sind zu empfehlen. ○○○

6

Seite 75

Queen Charlotte Drive

Die Straße, die mitten in Picton abzweigt, macht ihrem Namen alle Ehre: Majestätisch führt sie oberhalb der bizarren Fjordlandschaft entlang und windet sich huldvoll hinab zu anmutigen, strandgesäumten Buchten.

Ein Abstecher auf der sehr kurvenreichen Straße Richtung Portage führt entlang des **Kenepuru Sounds.** Dort eignet sich das »Te Mahia Bay Resort« (Tel. Fax 03/573 4089, ○○) mit einem kleinem Campingplatz bestens für einen ruhigen, längeren Sounds-Aufenthalt.

In Havelock sollten Sie bei den **Mussel Boys** die tollen Greenlipped Mussels probieren, für die der Ort berühmt ist.

*Nelson ㊷

In der sonnigen Stadt (50 000 Einw.) haben sich relativ viele Kunsthandwerker und (Lebens)Künstler niedergelassen. An den ausladenden Sandstränden wie dem **Tahunanui Beach** und in zahlreichen Straßencafés in der lebendigen City macht das prima Wet-

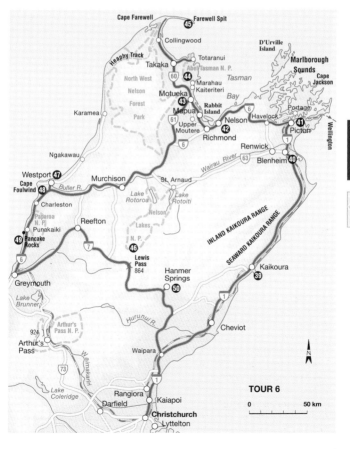

TOUR 6

0   50 km

ter umso mehr Spaß. Wer sich in die Zeit der ersten Siedler zurückversetzen lassen möchte, sollte in den ***Founders Park** gehen und die historischen Bauten anschauen (87 Atawhai Drive, tgl. 10–16.30 Uhr). Dominierend im Stadtbild ist die erst 1967 fertig gestellte Christ Church Cathedral.

Visitor Information, Nelson, Trafalgar/Halifax Sts., Tel. 03/548 2304, Fax 546 9008, www.nelsonnz.com. Das »Nelson Regional Guide Book« nennt die besten Künstler der Region.

The Honest Lawyer, Point Rd., Tel. 03/547 9853, www.honest lawyer.co.nz. Country-Atmosphäre, hübscher Biergarten, gutes Restaurant und Villas am Wasser. ○○○–○○

Chez Eelco Coffeehouse, 296 Trafalgar Road. Ältestes Straßencafé Neuseelands. ○○

Rund um Trafalgar Square und Bridge Street **(Little Rock Café)** herrscht ein wenig Szene-Leben.

Abstecher zum ***Abel Tasman National Park ㉔

Hinter **Richmond,** wo viele Kunsthandwerker originelle Produkte verkaufen, führt der Hwy. 60 vorbei an **Rabbit Island,** einer hübschen Picknick-Insel mit zahlreichen schönen Stränden, die über einen Straßendamm mit dem Festland verbunden ist, nach **Motueka** ㊸ (4700 Einw.).

Mit zahlreichen Unterkünften und Einkaufsmöglichkeiten ist die muntere Kleinstadt Tor zum lieblichsten aller neuseeländischen Nationalparks. Er lässt sich auf mehreren Tracks durchwandern. Der reizvollste und daher

leider auch beliebteste ist der **Coastal Track,** der aus dem dichten Regenwald immer wieder an bezaubernde, südseeähnliche Sandstrände führt.

Tipp Nehmen Sie an einer geführten Kajak-Tour entlang der Küste (1 bis 3 Tage, Abel Tasman Kajaks, Marahau Beach, Tel. 03/527 8022) oder an einer geführten mehrtägigen Wanderung teil (Abel Tasman Enterprises, s. Schiffsverbindungen).

Zentrale Anlaufstelle für alle Parkbesucher ist **Jircas Park Café** (Tel. 03/527 8270, ○) in Marahau am südlichen Eingang mit starkem Kaffee, den aktuellen Wetterberichten und sonstigen Neuigkeiten.

Visitor Information, Motueka, 236 Wallace St., Tel. 03/528 6543, Fax 528 6563, www.motueka.net.nz.

Schiffsverbindungen: Tägliche Zubringer ab Nelson, Kaiteriteri oder Marahau Beach zu verschiedenen Stränden des Nationalparks machen interessante Tageswanderungen möglich. Plätze müssen reserviert werden (Abel Tasman Enterprises, Motueka, 265 High St., Tel. 03/528 7801; Abel Tasman Seafaris, Marahau, Tel. 03/527 8083).

The Awaroa Lodge & Café, Tel./Fax 03/528 8758, www.awaroa lodge.co.nz. Unterkunft mit Atmosphäre mitten im Nationalpark. ○○–○
▪ **Ocean View Chalets,** Marahau Beach, Tel. 03/527 8232, www.lodgings.co.nz/oceanview.html. Gemütliche Holzhäuser mit schönem Blick auf die Bucht, 500 m vom Parkeingang entfernt. ○○
Camping: Kaiteriteri Beach Motor Camp, Tel. 03/527 8010. An einem

Seite 75

6

Der Abel Tasman National Park lockt auch mit bezaubernden Stränden

sichelförmigen Sandstrand gelegen, Abfahrt der Bootstouren zum Nationalpark.

Gothic Gourmet Restaurant & Nightspot, Motueka, 208 High St., Tel. 03/528 6699. Lunch und Dinner in einer ehemaligen Kirche. ○○–○

An den Westeingang des Parks gelangt man über die serpentinenreiche Fortsetzung des Hwy. 60 zunächst nach Takaka und dort rechts ab nach **Totaranui** mit dem längsten Strand des Parks.

Sans Souci Inn, Pohara Beach, Richmond Road (7 km östlich von Takaka), Tel. 03/525 8663, www.sanssouciinn.co.nz. Urgemütliches Bio-Gasthaus mit Grasdach. ○

Farewell Spit ㊺, die dünenbedeckte äußerste Nordspitze der Südinsel, berühmt als Vogelparadies, ist nur im Rahmen geführter Bustouren zu besuchen (tgl., je nach Gezeiten, ab Collingwood, Tel. 03/524 8257). Jährlich stranden – und verenden – hier Dutzende von Pottwalen.

Camping: Pakawau Beach Camp, Tel. 03/524 8327. Direkt am Strand auf dem Weg zum Farewell Spit, 10 Fahrminuten nördlich von Collingwood. Tourist Cabins.

Nelson Lakes National Park ㊻

Von Motueka führt die Route weiter nach Süden. Immer weniger Siedlungen liegen an der Straße. Stattdessen umfahren Sie den naturbelassenen Nationalpark mit zwei tiefen idyllischen Seen, die für ihren Fischreichtum bekannt sind: **Lake Rotoiti** erreicht man über einen Abstecher auf dem Hwy. 63, **Lake Rotoroa** über eine teilweise nicht asphaltierte Zufahrt, die am Hwy. 6 ausgeschildert ist.

Alpine Lodge, St. Arnaud/Lake Rotoiti (am Hwy. 63), Tel. 03/521 1869, www.alpinelodge.co.nz. Zentral gelegen für Wanderer und Skiläufer. ○○

6

Seite 75

An der Westküste

Über Murchison schlängelt sich der Hwy. 6 am Buller River entlang und taucht ein in die enge, von senkrechten Steilfelsen begrenzte **Buller-Schlucht,** durch die sich das Wildwasser seinen Weg gebahnt hat hin zur Tasman Sea.

Dort an der Mündung liegt **Westport ⑰** (4600 Einw.). Die Industriestadt verdankt ihre Existenz dem geschützten Hafen und den Kohlevorkommen; über letzteres können Sie sich im Museum Coaltown informieren.

Die Pancake Rocks im Paparoa National Park

> **i** **Visitor Information,**
> Westport, 1 Brougham St.,
> Tel. 03/789 6658, Fax 789 8006,
> www.west-coast.co.nz.

Von Westport führt Hwy. 67A (oder Azweig von Hwy. 6 nach Südwesten) zum **Cape Foulwind ⑱** und zur nördlichsten **Robbenkolonie** Neuseelands (Seal Colony).

**Pancake Rocks/Punaikaiki ⑲

Den Stapel Pfannkuchen aus Stein formte die starke Brandung. Fontänenartig und unberechenbar schießt die Gischt aus den Blowholes, den Öffnungen im Stein – Sie werden nass, wenn Sie sich zu weit nach vorne wagen! Das Naturwunder gehört zum **Paparoa National Park.** Ausgezeichnete Displays und Erklärungen zur Entstehungsgeschichte können Sie sich im Paparoa National Park Visitor Centre auf der gegenüberliegenden Straßenseite anschauen (Punaikaiki, am Hwy. 6, Tel. 03/731 1895).

*Hanmer Springs ⑳

In Greymouth (s. S. 94) zweigt der Hwy. 7 ins Landesinnere ab, führt über Reefton hinauf zum **Lewis Pass** und schraubt sich mit stellenweise grandiosen Ausblicken wieder hinunter bis zur Abzweigung nach Hanmer Springs. Vieles in dem Bergstädtchen mutet noch an wie aus vergangenen Jahrzehnten, als die heilsame Wirkung der heißen Quellen within berühmt war und zahlreiche Erholung Suchende hier ihre Ferien verbrachten. Inzwischen sind zumindest die bis zu 40 °C warmen, abwechslungsreichen *Thermal Pools modernisiert worden (tgl. 10–20 Uhr) und die Besucher strömen wieder vermehrt nach Hanmer Springs.

> **i** **Visitor Information,**
> Hanmer Springs, Amuri Avenue,
> Tel. 03/315 7128, Fax 315 7264,
> www.hurunui.com.

> **Alpine Spa Lodge,**
> 1 Harrogate Street,
> Tel./Fax 03/315 7311,
> www.spalodgehanmer.co.nz.
> Motel gegenüber der Thermal Reserve. ◐◐
>
> **I Heritage Hanmer Springs,**
> Conical Hill Rd., Tel. 03/315 7021,
> www.heritagehanmer.nz-hotels.com.
> Aufwändig restauriertes Hotel in spanischem Design. ◐◐◐

6

Seite **75**

Tour 7

Ewiger Schnee und heiße Sommer

**Christchurch → **Lake Tekapo
→ ***Aoraki/Mt. Cook → Dunedin
(750 km)**

Church of the Good Shepherd

Otago heißt die Region, die im Schutz der Southern Alps sonnige Sommer und milde Herbsttage erlebt. Im Spätsommer beginnt das unverwechselbare Farbenspiel aus warmen Goldtönen der Vegetation, dem strahlenden Blau am Himmel und dem Stahlblau der tiefen, in der Eiszeit entstandenen Seen. Im Hochgebirge allerdings ist das Wetter weniger beständig, und der schneebedeckte Gipfel des Mount Cook hüllt sich meist in Wolken. Für die gesamte Strecke sollten Sie drei bis vier Tage einplanen.

Von Christchurch führt Hwy. 1 über Ashburton nach Geraldine. Von dort windet sich der Hwy. 79 in engen Kurven durch hügeliges Farmland. Kleine Dörfer liegen zwischen saftigen Weiden. Und beim Anblick unzähliger wolliger Herden zweifelt niemand mehr, dass Neuseeland fünfzehnmal so viel Schafe wie Menschen beherbergt.

**Lake Tekapo ⑤

In Fairlie zweigt der Hwy. 8 ab zum See: Genießen Sie den Anblick der kleinen Steinkapelle **Church of the Good Shepherd** vor der grandiosen Kulisse des von Schmelzwassern milchig gefärbten, 20 km langen Sees vor steil aufragenden Hochgebirgsgipfeln.

Hier sind Sie mitten im **Mackenzie Country,** benannt nach James Mackenzie, dem legendären Schafsdieb, der mit seinem Hund Friday die erbeutete Herde über die Berge getrieben haben soll. Zu Ehren aller Hirtenhunde, die bei der Schafzucht auch weiterhin unverzichtbar sind, wurde am Seeufer in der Nähe der Kapelle die Bronzestatue eines Schäferhundes aufgestellt.

ℹ️ **Information Centre** (im Ortszentrum am Hwy. 8), Tel. 03/680 6861, www.mtcook.org.nz.

🏠 **The Godley Resort Hotel,** Tel. 03/680 6848, www. tekapo.co.nz. Im Ort Lake Tekapo; einige Zimmer haben eine schöne Aussicht auf den See. ○○
Camping: Lake Tekapo Motel & Motor Camp, Tel. 03/680 6825, Fax 680 6824. Direkt am Seeufer.

***Aoraki/Mount Cook ⑤

Hinter Lake Pukaki, einem weiteren lang gezogenen Schmelzwassersee, der gemeinsam mit dem Tekapo- und dem Ohau-See vier Kraftwerke speist, zweigt der Hwy. 80 ab zum höchsten Berg Neuseelands (3754 m) im gleichnamigen Nationalpark, der UNESCO-Weltnaturerbe ist. Falls das Wetter

Aoraki/Mount Cook

Der Tasman-Gletscher

mitspielt, kann man sich während eines Rundflugs den neuen Gipfel aus der Nähe ansehen. **Mt. Cook Village** ist Ausgangspunkt aller Flüge und Touren in die Hochgebirgslandschaft.

Tipp Wer Gletscherwanderungen oder gar alpine Kletter- und Skitouren plant, sollte sich unbedingt einem erfahrenen Bergführer anvertrauen (z. B. Gottlieb Braun-Elwert, Tel. 03/680 6736, www.alpinecreation.co.nz).

Kurze Wanderungen zum **Kea Point** oder zum **Hooker Valley** sind anhand der im Info-Zentrum erhältlichen Wegbeschreibungen allein zu bewältigen. *Tasman-, Hooker- und Mueller-Gletscher ermöglichen kurze Ausflüge auf eigene Faust ins ewige Eis.

DOC Visitor Information, Mount Cook (Ort), Bowen Drive, Tel. 03/435 1818, Fax 435 1895, www.mtcook.org.nz.

Nur wenige Unterkünfte, Reservierung ist daher empfehlenswert.

■ **The Hermitage Hotel,** Tel. 03/435 1809, www.mount-cook. com. Luxushotel, viel von Reisegruppen gebucht. ○○○

■ **Mount Cook Chalets** (Tel./Fax, Internet s. The Hermitage), die preiswertere Alternative. ○○

Nach Dunedin

Über Twizel und Omarama geht es weiter über den 971 m hohen Lindis Pass in die Provinz Otago mit dem Zentrum **Cromwell** ㉝ (2900 Einw.). Einst sorgten Goldfelder für Wohlstand, heute tun dies ertragreiche Obstplantagen. Stände mit süßen Früchten verführen immer wieder zu einer spottbilligen Vitaminkur.

Visitor Information, Cromwell, 47 The Mall (einige Kilometer außerhalb am Clutha River), Tel. 03/445 0212, Fax 45 1649, www.cityofdunedin.com. Hier sollten Sie die Broschüre »Otago Goldfields Heritage Highway« mitnehmen, die zu urigen Orten und verlassenen Goldgräber-Claims führt.

7

Seite 84

Machen Sie unbedingt einen Rundflug über die Bergwelt Neuseelands

Moeraki Boulders

Das ehemalige Goldgräberstädtchen *Clyde ⑤④ (900 Einw.) hat seit 1992 wieder eine Attraktion: Lake Dunstan, die von einem 56 m hohen Damm zwecks Energiegewinnung gestauten Wasser des Clutha River.

🏠 **Oliver's Lodge,** Sunderland Street, Tel. 03/449 2860, www.olivers.co.nz. Neuseelands ungewöhnlichste Lodge mit urgemütli-chen Zimmern im alten General Store. Ausgezeichnetes Restaurant. ○○○
▮ **Dunstan House,** Sunderland St., Tel. 03/449 2701, www.dunstanhouse.co.nz. B & B in historischem Gemäuer. ○
▮ **Vulcan Hotel,** St. Bathans, Loop Rd., Tel. 03/447 3629, einfache Zimmer in einem urwüchsigen Goldgräber-Pub. ○

Pub Trail

Otago kann durstig machen, und da kommt eine Kneipentour Richtung Dunedin gerade recht. Entlang und abseits des Hwy. 85 bekommen Sie in historischen und urigen Hotels, wie die Kneipen in Neuseeland irreführend heißen, die Gläser gefüllt. Und ob in Lauder, wo Wissenschaftler das Ozonloch über der südlichen Erdhalbkugel unter Ausschluss der Öffentlichkeit erforschen, oder im entrückten Goldgräberort St. Bathans mit einem Dutzend Einwohner – das Bier schmeckt überall. Aber auch wenn Sie als Fahrer nüchtern bleiben müssen – die Atmosphäre der Kneipen kann man auch ohne Alkohol genießen.

Mit **Alexandra ⑤⑤** und **Roxburgh ⑤⑥** bleibt der Hwy. 8 auf der Spur der Goldgräber, bis hin zu **Lawrence ⑤⑦**, wo Gabriel Read am 23. Mai 1861 in nur 70 cm Tiefe Gold entdeckte und Otago damit in einen langen Goldrausch trieb. Die historische Fundstelle ist heute als »Gabriel's Gully« ausgeschildert. In Milton mündet der Hwy. 8 in den Hwy. 1, der nach Dunedin (s. S. 48) führt.

Seite 84

Kurze Verlängerung

75 km nördlich von Dunedin liegen am Strand die *Moeraki Boulders ⑤⑧ – tonnenschwere Brocken von bis zu 4 m Umfang, vermutlich über 60 Millionen Jahre alt. Bis heute ist nicht eindeutig geklärt, weshalb die ziemlich gleichmäßig halbrunden Steine ausgerechnet mitten auf dem Sandstrand liegen.

Geheimtipps ganz im Süden

Dunedin → Invercargill → *Te Anau (480 km)

Weite Teile der attraktiven Küste im Southland sind noch immer naturbelassen, beinahe unberührt. Wer den weiten Umweg abseits der Hauptrouten nicht scheut, kann in etwa vier Tagen wunderschöne einsame Landstriche entdecken.

Versteinerte Baumstämme in der Curio Bay

*Southern Scenic Road

In **Balclutha** ⑲, 70 km südlich von Dunedin, wo der mächtige Clutha River sich in zwei Mündungsarme teilt, zweigt vom Hwy. 1 der Hwy. 92 ab, mit ein paar Abstechern ein ganz besonderes Erlebnis. Bereits 14 km hinter Balclutha geht es links ab zum **Kaka Point** ⑳, einem langen, ursprünglichen Strand, an dem Treibholz von oft heftiger Brandung zeugt. Ca. 8 km weiter an der einsamen Küstenlinie ragen die Klippen von **Nugget Point** ㉑ steil aus dem Ozean. In 5 Min. sind Sie zu Fuß am 250 m über dem Wasser thronenden Leuchtturm. Der Ausblick von der meist sturmgepeitschten Plattform berauscht förmlich. Unten, auf den flachen, von Gischt bespritzten Klippen dösen Robben, Seelöwen und See-Elefanten.

Kurz hinter Owaka ㉒ zweigt die Zufahrt in die **Jack's Bay** ab. Auf dem entlegenen wilden Strand stehen lediglich ein paar Holzbuden. Eine 30-minütige Wanderung durch Schafsweiden endet am Wasser sprühenden

Jack's Blowhole (Sept./Okt. gesperrt). Lassen Sie sich Informationen über die Gezeiten von der Visitor Information in Owaka (s. rechts) geben.

Die Weiterfahrt über Ratanui macht den Besuch der im Regenwald tosenden **Purakaunui-Wasserfälle** möglich. In **Papatowai** ㉓, mit seinem hübschen Sandstrand an der Flussmündung, befährt man wieder den Hwy. 92. Immer weniger Siedlungen und Menschen, dafür alle paar Kilometer atemberaubende Ausblicke auf die Küste, z. B. auf die ehemalige Walstation in der **Tautuku Bay** mit einem flachen, ganz feinen Sandstrand. Nebenan am ebenso schönen Waipati Beach liegen die bis zu 30 m hohen **Cathedral Caves** ㉔, die nur bei Ebbe zugänglich sind.

Kurz vor Waikawa zweigt wieder eine schmale Küstenstraße ab. In dem verschlafenen Badeort starten Bootsausflüge zu **Delphin-Beobachtungen** (Dolphin Magic, Tel. 03/246 8444). Unterhalb der stürmischen Steilküste in der **Curio Bay** liegen von der Meeresbrandung freigelegte, versteinerte Baumstämme aus der Urzeit.

8

Seite 84

In Otara führt ein schmaler Weg zum weithin sichtbaren strahlend weißen Leuchtturm am **Waipapa Point** ⑥, einer wilden atemberaubend schönen Klippenküste mit Sandstrand.

ℹ Visitor Information, Owaka, 3 Main St., Tel. 03/415 8371.

🏠 Sehr wenige Unterkünfte, eine kleine Auswahl gibt es in Owaka.
Camping: Curio Bay Camping Ground, Tel. 03/246 8897. Am Meer in der Nähe der versteinerten Bäume, kleiner Lebensmittelladen.

Invercargill ⑥

Die südlichste Stadt (52 000 Einw.) des Landes, mit Flugplatz und dem großen Hafen in **Bluff,** dient den meisten Touristen lediglich als Sprungbrett nach Stewart Island (s. S. 95). Doch Invercargill ist ein nettes Städtchen mit vielen Kolonialbauten. Einen Besuch wert ist auf jeden Fall ***Southland Museum & Art Gallery,** denn die Klima-Simulation der so genannten Roaring Forties, der kräftigen Winde, hat echten Erlebniswert (am Queens Park, Viktoria Ave., Mo–Fr 9–17 Uhr, Sa, So 10–17 Uhr).

ℹ Visitor Information, im Foyer des Southland Museum, Tel. 03/214 6243, Fax 218 9753, www.invercargill.org.nz.

🏠 **Victoria Railway,** 3 Leven Street, Tel. 03/218 3406, Fax 218 3003. Zentral in historischem Gebäude aus dem Jahre 1896 mit gutem Restaurant. ○○
Camping: Lorneville Lodge, Lorne Dacre Rd., Tel. 03/235 8031,

Campingplatz und B & B auf dem Gelände einer Farm.

🍴 Tillerman's, 16 Dee St., Tel. 03/218 9240. Ost-West-Küche, oft Livemusik in der ersten Etage. ○○
▮ Donovan, 220 Bainfield Road, Tel. 03/215 8156. Dinner in einem alten Farmhaus außerhalb. ○○

Auf dem Weg nach *Te Anau

Der Hwy. 99 verläuft entlang der Küste durch sattes, saftiges Farmland bis **Tuatapere** ⑰, Ausgangspunkt für den dreitägigen Humpridge Track (www. humpridgetrack.co.nz).

In Clifden zweigt die Landstraße ab nach ***Manapouri** ⑱. Attraktion des kleinen Ortes ist der gleichnamige See mit glasklarem Wasser und einem unterirdischen Wasserkraftwerk. Somit musste der Seespiegel nicht künstlich angehoben werden. Besichtigungen lassen sich ideal mit kombinierten Bus- und Bootsausflügen zum **Doubtful Sound** verbinden, berühmt für seine unwirkliche Stille (tgl. 9.30, Tour dauert bis zu 8 Std.). James Cook traute der Einbuchtung nicht, als er 1770 an der Westküste für sein Schiff einen sicheren Hafen suchte, und nannte den tief ins Land einschneidenden Fjord Doubtful Harbour, »zweifelhafter Hafen«. Gegen Ende des 19. Jhs. ließen sich hier die ersten europäischen Wal- und Robbenjäger nieder. Heute stört keine Siedlung die Ruhe der entlegenen Küste.

ℹ Real Journeys (Fiordland Travel), Manapouri, Pearl Harbour, Tel. 03/ 249 6602, Fax 249 6603, www.fiordland.org.nz. Auch Auskünfte über Ausflüge zum Doubtful Sound.

8

Seite 84

Camping: **Lakeview Motor Park,** Te Anau Rd. (1 km nördlich von Mana-pouri), Tel. 03/249 6624. Preiswerte Cabins.

*Te Anau ⑥⑨

Unruhe kommt immer dann in den beschaulichen Ort am Ufer des gleichnamigen Sees, wenn die Touristenbusse Richtung Milford Sound (s. S. 86) Rast machen, also am Vormittag. Weiter draußen, bei der Bootsfahrt zu den romantischen *Glühwürmchenhöhlen am gegenüberliegenden Ufer kann das Wasser ausgesprochen bewegt sein. Ein Informationszentrum erklärt die Entstehung des Höhlensystems und verrät alle Geheimnisse der Glühwürmchen. (Real Journeys/Fiordland Travel, tgl. 14 und 20.15 Uhr, im Winter 19.45 Uhr, Tel. 03/249 7416, gebührenfrei Tel. 0800– 656 501),

i **Visitor Information,** Lakefront, Tel. 03/249 8900, Fax 249 7022.
▌ **DOC Visitor Information,**
Te Anau, Lakefront Drive,
Tel. 03/249 7924, Fax 249 7613.

Tipp Zehn Gehminuten entfernt können Sie im **Wildlife Centre** die Tierwelt der Fiordlands beobachten (Tel. 249 7924, tgl. 8–18 Uhr).

🏠 **Parklands Motel,**
Mokoroa St., Tel. 03/249 7240, www.parklands.motel.co.nz. Geräumige Zimmer, stadtnah. ○○
▌ **Campbell Auto Lodge,**
42 Te Anau Terrace, Tel. 03/249 7546, Fax 249 7814. Zimmer mit Küche und Blick auf den See. ○○
Camping: **Te Anau Motor Park,** - Manapouri Rd. Tel. 03/249 7457, Fax 249 7536. Großzügiger Platz, gute, preiswerte Cabins.

Seite 84

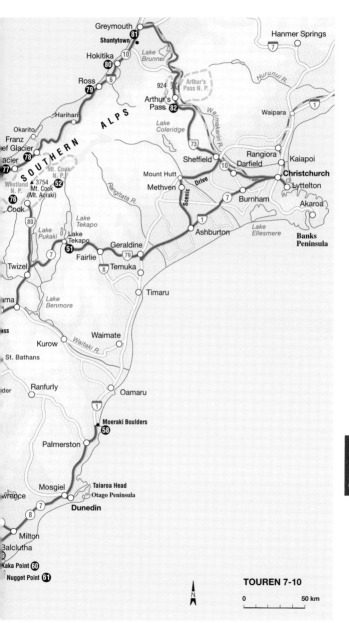

TOUREN 7-10

0   50 km

8

Tour 9

Naturwunder mit eigener Zufahrt

*Te Anau → **Milford Sound → ***Fiordland National Park

Im Milford Sound

Wehe, wenn die Gondelverbindung von Queenstown (Glenorchy) nach Milford Realität wird: Te Anau würde in Bedeutungslosigkeit versinken, die 119 km lange Milford Road zur Nebenstrecke degradiert. Ein Traum all jener, die gern ungestört die Naturschönheiten am Rande entdecken würden. Aber mal liegen die Pläne auf dem Tisch, dann verschwinden sie wieder in der Schublade, und so rollt der Verkehr weiter über Te Anau zum Milford Sound – die einzige Möglichkeit, auf Rädern zu Neuseelands Naturwunder zu gelangen.

In dem kleinen Hafen **Te Anau Downs** ⓰ am See starten die Boote zum Ausgangspunkt des Milford Track an der Nordspitze des Lake Te Anau. Bei klarem Wetter spiegeln sich die Berggipfel im ruhigen Wasser der **Mirror Laes.** Fünf Minuten dauert der Fußweg von der Straße aus zu den kleinen Seen. Der **Lake Gunn Nature Walk,** ein leichter, 45minütiger Rundwanderweg an das vogelreiche Ufer des Gunn-Sees beginnt neben dem Campingplatz am Cascade Creek.

The Divide ist die mit 534 m niedrigste Ost-West-Überquerung der Südalpen. Nach etwa eineinhalb Stunden Marsch auf dem Routeburn Track erreicht man den Aussichtspunkt auf dem **Key Summit** mit Rundblick auf die alpine Landschaft und die Wasserläufe tief unten. Vor der Abzweigung der **Lower Hollyford Road,** die sich durch das Tal des Hollyford River zum Start des **Hollyford Track** windet, sind am Straßenrand Gatter angebracht, mit denen die Milford Road im Notfall für den Verkehr gesperrt wird.

**Milford Sound ⓱

Hinter dem **Homer Tunnel** schlängelt sich die Straße in engen Serpentinen hinunter zum Fjord, der sich 16 km weit und bis zu 265 m tief bis an die offene Tasman Sea erstreckt, zwischen steil aufragenden, grün überwucherten Felswänden. Majestätisch erhebt sich 1692 m hoch der **Mitre Peak.** Nahe der Anlegestellen, an denen die Bootstouren in den Fjord starten, stürzen die **Bowen Falls** 160 m tief hinab. Einen weißen Farbtupfer erhält das von Meisterhand »Natur« geschaffene »Landschaftsgemälde« durch den **Pembroke-Gletscher,** Überbleibsel des gewaltigen Gletschers, der einst den Fjord schuf.

Schiffsverbindungen: Täglich mehrere Touren. Real Journeys (Fiordland Travel, Tel. 03/249 7419, www. fiordland.org.nz) hat das größte An-

Im Fiordland National Park

9

Seite 84

Vorsicht am Homer Tunnel:
Die frechen Keas kommen!

gebot, auch für den Doubtful Sound, s. S. 83. Auf der »Milford Wanderer« oder der »Milford Mariner« (beide Real Journeys, gebührenfrei in NZ 0800/656 501) können jeweils bis zu 70 Passagiere untergebracht werden – derzeit die bequemste Möglichkeit, im einsamen Fjord zu übernachten,

denn die »Mitre Peak Lodge«, Tel. 03/249 7926, steht nur Teilnehmern der geführten Milford-Track-Wanderung offen (THC Milford Track, Tel. 03/ 249 7411, Fax 249 7590).

Einzige Unterkunft im Fjord:
🏠 **Milford Sound Lodge,**
Tel./Fax 03/249 8071.
Campingplatz (in der Hauptsaison reservieren!), einfache Doppelzimmer, 2 km vom Sound. ◯◯

***Fiordland National Park ⑫

Der Nationalpark wartet mit den ursprünglichsten und abenteuerlichsten Tracks des Landes auf. Bester Ausgangspunkt ist Te Anau. Der **Milford Track** (53 km, 4 Tage) vom Lake Te Anau (Glade House) bis zum Milford Sound muss zwischen Dezember und März teilweise Wochen im Voraus gebucht werden – auch wenn man individuell unterwegs sein will. Als Alternative bieten sich an der allerdings schwierigere, weil teilweise alpine **Kepler Track** (4 Tage) zwischen Lake Te Anau und Lake Manapouri, oder der ebenfalls populäre **Routeburn Track** (4 Tage). **Caples Track** und **Greenstone Track** sind einfach zu gehen und dauern jeweils rund 3 Tage (beide kombiniert 5 Tage).

⚠️ In allen Hütten gilt: Wer zuerst kommt, mahlt zuerst – falls nicht ohnehin das Bett über das DOC vorgebucht werden muss (s. S. 29 und Special S. 6/7). Nehmen Sie auf jeden Fall eine Zeltausrüstung mit!

ℹ️ **DOC,** Milford Track Bookings, Te Anau, Tel. 03/249 8514, Fax 249 8515. Hier werden Reservierungen entgegengenommen und Transfers gebucht.

Der Kea

Als weltweit einzige Hochgebirgspapageien haben die Keas den Eingang zum Homer Tunnel voll unter Kontrolle. Wegelagerern gleich betteln die frechen, grün gefiederten Vögel an jeder sich öffnenden Autotür um Futter. Kaum ein Tourist, der den eindringlichen Bitten von Tierschützern nachkommt, die unter Schutz stehenden, ausgesprochen intelligenten Vögel in Ruhe zu lassen und auf keinen Fall zu füttern. Oft folgt die Strafe für den Ungehorsam auf dem Fuß: Denn auch die sattesten Keas können das Knabbern nicht lassen – und wenn es nur Scheibenwischerblätter oder Gummidichtungen von Autotüren sind.

9

Seite 84

Tour 10

Neuseelands raueste Seite

**Queenstown → Wanaka
→ ***Westland National Park
(**Fox Glacier, **Franz Josef
Glacier,) → *Ross → *Hokitika →
Greymouth → **Arthur's Pass →
Christchurch (810 km)**

Der Westen der Südinsel ist wild
und weitgehend ursprünglich, weder
klimatisch noch wirtschaftlich ver-
wöhnt. Doch die rauen »Coasters«
wollen nicht weg, denn sie genießen
ihren Freiraum. Sechs Tage mindestens sollten Sie für die Strecke veranschlagen.

Auf dem Weg zur West Coast

Die Fahrt von Queenstown (s. S. 50)
nach Wanaka über die kurvenreiche
Panoramastraße (Hwy. 89) der Crown
Range beschert Traumblicke. Legen
Sie unterwegs, ca 25 km vor Wanaka,
eine Rast im lauschigen Garten des
Cardrona Hotel ein.

*Wanaka ⑦

Saison ist hier fast immer. Doch ver-
rückt machen lässt sich der ausgedehnte Ort (3000 Einw.) am **Lake Wanaka** nicht. Kaum Bauten, allenfalls
ein paar Stege, belästigen das von
sanften Hängen eingefasste Ufer des
lang gezogenen Sees. Alles geht seinen gemächlichen Gang. Verwirrung
stiftet nur das ***The Puzzling World &
Great Maze** (vor der Ortseinfahrt am
Highway 6, tgl. 8.30–17.30 Uhr) – drin-
nen knifflige Geschicklichkeitsspiele

Lake Wanaka

und herrliche Illusionen, draußen ein
großer Irrgarten.
  Ein paar Kilometer weiter liegen am
kleinen Flughafen ein **Flugzeugmuse-
um** und ein herrlich ungeordnetes **Au-
tomuseum** (beide tgl. 9.30–17 Uhr).

ℹ Visitor Information, Wanaka,
Lakefront, Tel. 03/443 1574.
▌ **DOC Visitor Centre,** Ardmore Street,
Tel. 03/443 7660, Fax 443 8776.

🏠 Edgewater Resort Hotel,
Sargood Drive, Tel. 03/
443 8311, www.edgewater.co.nz.
Großzügige Anlage am Seeufer
außerhalb der Stadt. ○○○–○○
▌ **Pembroke Inn,** 94 Brownston
Street, Tel. 03/443 7766. Zentral
gelegen, einfache Zimmer. ○○
**Camping: Pleasant Lodge Tourist
Park,** Mt. Aspiring Road, Tel. 03/
443 7360. Außerhalb, mit Seeblick.

🍴 Relishes, 99 Ardmore St.,
Tel. 03/443 9018. Kreative
neuseeländische Küche. ○○

Zum und über den Haast-Pass

Nördlich von Wanaka führt der Hwy. 6
dicht am Westufer des **Lake Hawea**
entlang. Der Seespiegel wurde um
rund 20 m angehoben, um mit dem
Wasser das Kraftwerk im weit entfernten Roxburgh zu betreiben.

10

Seite
84

Hinter der Nordspitze des Lake Wanaka, am Straßenrand, aber mitten in der unbesiedelten Wildnis an der Grenze zum **Mount Aspiring National Park,** liegt *Makarora **⓸** mit ein paar Holzhütten und einer Visitor Information, die hilfreiche Karten und Broschüren über den Mount Aspiring National Park aushändigt. Hier startet **Siberia Experience,** ein fünfstündiger Flug-, Wander- und Jet-Boat-Ausflug in die waldreiche Bergwelt (Okt.–April).

Makarora Tourist Centre,
Tel. 03/443 8372, Fax 443 1082, www.makaroa.co.nz. Buchung von Hüttenunterkünften und der Siberia Experience. Nebenan das **DOC Visitor Centre,** Tel. 03/443 8365.

Der Hwy. 6 überquert den 563 m hohen **Haast Pass** (benannt nach dem Bonner Geologen Julius von Haast, der Mitte des 19. Jhs. in Neuseeland forschte) und sorgt für eine südliche Anbindung der West Coast. Manchmal verursachen heftige Regenfälle Erdrutsche und machen die Straße unpassierbar. Hinter dem Pass geht es recht steil hinunter an den breiten Haast River, anschließend am Flussufer entlang bis *Haast **⓹**. Die verstreute Ortschaft fungiert als Versorgungszentrum für die weitere

---

Hoch zu Ross

Geführte Ausflüge zu Pferd in das karge Cardrona-Hochland beginnen an der Crown Range (Gestüt **High Country Appaloosas,** Debbie and Darrin Thompson, Cardrona Valley, 200 m vom Cardrona Hotel, ca 25 km südlich von Wanaka, Tel. 03/443 8151, www.ridenz.com/backcountry).

Umgebung. Das Visitor Centre informiert u. a. über den Whitebait, einen winzigen, durchscheinenden Fisch (Hechtling), der hier massenhaft vorkommt und als Delikatesse gilt.

DOC Visitor Centre,
Hwy. 6, Haast Junction,
Tel. 03/750 0809, Fax 750 0832.

World Heritage Hotel,
am Hwy. 6, Haast Junction,
Tel./Fax 03/750 0828, www.world-heritage-hotel.com. Durchschnittliches Motel mit Restaurant gegenüber dem DOC Centre. ○○
Camping: Haast Motor Camp, Jacksons Bay Rd. (15 km südlich von der Haast Junction), Tel. 03/750 0860.

Der Hwy. 6 hat die West Coast erreicht. Am *Lake Moeraki vorbei verläuft er durch das riesige küstennahe Regenwaldgebiet des Paringa Forest.

Lake Moeraki Wilderness Lodge, am Hwy. 6, 30 km nördlich von Haast Junction, Tel. 03/750 0881, www.wildernessloge.co.nz. Sehr gut geführte Ausflüge zu Pinguinen und Robben sowie in den West-Coast-Regenwald. ○○○

***Westland National Park **⓺**

Fox Glacier **⓻
Ganz nah an den Regenwald heran reicht die durch Schutt und Ablagerungen angeschmuddelte Gletscherzunge. Nirgendwo sonst auf der Welt liegen Gletschereis und grüne Vegetation so eng beinander. Im vergange-

Einzigartig auf der Welt: Gletscher schmelzen erst in der Regenwaldvegetation ab

10

Seite 84

nen Jahrhundert war die Gletscherzunge mal auf dem Rückzug, dann wieder auf dem Vormarsch, derzeit wieder auf dem Rückzug. Etwa 10 km beträgt die Gesamtlänge des Gletschers heute.

Am nächsten kommt man dem Eis auf einer geführten Wanderung vorbei an Gletscherspalten oder nach einer Flugzeug- bzw. Helikopter-Landung weiter oben. Die Zufahrt zur Gletscherzunge, über Schmelzwasser und Geröll, zweigt kurz vor dem Ort Fox Glacier ab.

An der Straße vom Ortszentrum zum über 20 km entfernten, geröllbeladenen Gillespies Beach liegt ***Lake Matheson,** in dessen glatter Wasseroberfläche sich bei klarem Himmel die Gipfel von Aoraki/Mt. Cook und Mt. Tasman spiegeln. Das beste Spiegelbild bietet am frühen Morgen der *View of Views* am Ende des Sees, etwa 45 Minuten Fußmarsch vom Parkplatz entfernt.

DOC Visitor Centre,
Fox Glacier, am Hwy. 6,
Tel. 03/751 0807, Fax 751 0858.
Infos im Internet:
www.glaciercountry.co.nz

Alpine View Motel and Fox Glacier Holiday Park,
Lake Matheson Rd., Tel. 03/751 0821, Fax 751 0813. Caravan-Park mit sehr guten Cabins. ○

Café Nevé,
am Hwy. 6, Tel. 03/751 0110.
Auch für Vegetarier. ○○
■ **Cook Saddle Cafe,**
am Hwy. 6, Tel. 03/751 0700.
Für Western-Fans. ○○

**Franz Josef Glacier ⑱
25 km weiter nördlich bietet Franz Josef ein ähnliches Gletschererlebnis,

auch wenn er etwas kürzer ist. Der Gletscherort, vor dessen Eingang es rechts ab zur Gletscherzunge geht, besticht durch seine zweckdienliche Schlichtheit: essen, übernachten, Postkarten besorgen und Gletscher besichtigen – von einer tollen Aussichtsplattform aus!

DOC Visitor Centre,
Franz Josef, am Hwy. 6,
Tel. 03/752 0796, Fax 752 0797.

Punga Grove Motor Lodge,
Cron St., Tel. 03/752 0001,
www.pungagrove.co.nz. Motelzimmer und gemütliche Blockhütten im Regenwald, in dem sich auch Stellplätze für Wohnmobile befinden. 2 Gehminuten bis zur Ortsmitte. ○○–○
Camping: Franz Josef Holiday Park,
am Hwy. 6 (südl. Ende des Orts), Tel. 03/752 0766. Auch preiswerte Hütten.

The Landing, direkt am Hwy. 6,
Tel. 03/752 0229. ○

Gletscherrundflüge
Vier Unternehmen bieten Gletscherflüge per Flugzeug oder Helikopter an. Die Preise liegen zwischen 90 NZ $ (10 Min.) und 280 NZ $ (45 Min.) für den Helikopter. Bei einer Landung auf dem Gletscher hat das Flugzeug einen Vorteil: Der Pilot stellt den Motor ab, beim Hubschrauber dröhnt der Rotor in der Eiswüste weiter. Vergleichen Sie die Preise, vielleicht bietet ein Unternehmen gerade günstige Standby-Tarife an. Reizvoll an beiden Gletschern ist der Heli-Hike: Mit dem Helikopter wird man zu einer dreistündigen Gletscherwanderung geflogen (um 200 NZ $, The Guiding Company, Tel. 03/752 0077, www.nzguides.com; The Helikopter Line, Tel. 03/752 0767,

www.new-zealand.com/THL). Auch wenn die tief hängende Wolkendecke nicht zum Rundflug animiert – in Gipfelhöhe herrscht oft freie Sicht. Sie können den Veranstaltern glauben.

Goldige West Coast

*Ross ⑳

Die Flüsse um das bescheidene Städtchen (1000 Einw.) sind noch immer für eine Goldwäsche gut. Obwohl der Rekord aus dem Jahre 1909 wohl kaum zu brechen ist. Damals wurde am **Jones Creek** ein Goldklumpen, so groß wie eine Männerfaust und 3 kg schwer, gefunden – bis heute das wertvollste Nugget Neuseelands. Der erstaunliche Goldfund wurde später großzügig der englischen Krone geschenkt, die ihn angeblich zu königlichem Tischbesteck eingeschmolzen hat.

Gegenüber dem urigen **Empire Hotel** hat längst wieder eine Goldmine die Arbeit aufgenommen.

Tipp Hier beginnt der einstündige **Water Race Walk,** der zu einer alten Goldgräberhütte führt (Wegweiser gibt das Information Centre aus).

i **Visitor Information,**
Aylmer St., Tel. 03/755 4077.

Empire Hotel,
Aylmer St., Tel. 03/755 4005. Immer noch ein Goldgräber-Pub mit einfachen Zimmern. ○○–○

*Hokitika ㉚

Einst war die Stadt (3400 Einw.). die Metropole der umliegenden Goldfelder. 77 Lizenzen zur professionellen Goldsuche sind heute noch vergeben. Anhand des Info-Blatts »Fossicking for Gold« (erhältlich beim Department of

Sie müssen Ihre Reisekasse aufbessern? Versuchen Sie es mit Goldwaschen!

Conservation, Sewell St., Tel. 03/755 8301) darf jeder an 12 ausgewiesenen Stellen sein Glück versuchen. Wem das zu mühsam ist, der kann Nuggets und Goldstaub ebenso kaufen wie Greenstone (Jade).

Tipp ***Mountain Jade** lässt Besucher in die Werkstatt, wo die Steine geschliffen und poliert werden (Weld/Sewell Sts., tgl. 8–17 Uhr).

An den Reichtum von damals erinnern einige steinerne Prachtbauten, an den berühmtesten Sohn der Stadt eine Statue (Sewell Street): 13 Jahre lang, bis 1906, war Richard Seddon amtierender Ministerpräsident des Landes.

i **Visitor Information,**
Tancred/Hamilton Sts.,
Tel. 03/755 6166, Fax 755 5011,
www.hokitika.com. Eine Broschüre beschreibt einen halbstündigen Rundgang entlang der historischen Gebäude von Hokitika.

Trappers, 97 Revell St.,
Tel. 03/755 5133. Originelle Wildkarte, vom Wildschwein bis zum Känguru. ○○

30 km nördlich von Hokitika liegt *Shantytown, eine originell als Freilichtmuseum angelegte alte Goldgräberstadt, in der man natürlich auch Gold schürfen darf (am Hwy. 6, Öffnungszeiten: tgl. 8.30 bis 17 Uhr).

*Greymouth ㉛

Das Wirtschaftszentrum (10 600 Einw.) der West Coast am Grey River blickt ebenfalls auf goldreiche Zeiten zurück, ist mit Geschäften und Gastronomie aber weniger auf Touristen eingestellt als Hokitika – obwohl hier die beliebte Sightseeingfahrt mit dem **TranzAlpine endet.

Visitor Information,
Greymouth/Mackay/Herbert Sts., Tel. 03/768 5101, Fax 768 0317.

Bahnverbindung: Täglich verkehrt zwischen Greymouth und Christchurch der **TranzAlpine** (www.tranzrail.co.nz). Um 13.30 Uhr startet der Zug in Greymouth zu seiner fünfstündigen Fahrt durch die faszinierende Bergwelt der Südalpen und über Arthur's Pass. Dann müssen Sie in Christchurch übernachten, denn erst am nächsten Morgen um 9 Uhr verlässt der Zug Christchurch wieder.

Revingtons Hotel, Tainui St., Tel. 03/768 7055, www.revingtons.co.nz. Einfache Unterkunft mit Atmosphäre über einem Pub mitten in der Stadt. Ein paar Ecken weiter wird das berühmte Bier der Westküste gebraut: Monteith's. ○○–○

Greenstone

Der jadeähnliche, meist marmorierte Stein kommt an der West Coast in allen möglichen Grünschattierungen vor, von fast weiß bis beinahe schwarz. Schon die Maori nahmen beschwerliche Fußmärsche über das Hochgebirge zu den Lagerstätten auf sich. Sie verarbeiteten den harten Stein zu Schmuck, Kultfiguren und Waffen. Inzwischen haben auch weiße Künstler gelernt, den im ungeschliffenen Zustand unscheinbaren Stein in Form zu bringen. Der an der Westküste geborene Ian Boustridge gilt als einer der besten. Seine filigranen, oft mit Maori-Motiven versehenen Schmuckstücke und Skulpturen verkauft er in der **Jade Boulder Gallery** in Greymouth (Guinness Street).

Der Arthur's Pass

Camping: Seaside Holiday Park,
Chesterfield Street, Tel. 03/768 4618.
Sehr gepflegter Campingplatz mit
guten Cabins, nicht weit vom Meer
gelegen.

Steamers Bar,
Tel. 03/768 4193. Landes-
küche und Bierschwemme. ○
■ **Bonzai,** 31 Mackay Street,
Tel. 03/768 4170. Pizza und Steaks,
junge Atmosphäre. ○

**Arthur's Pass ⑫

Vorbei am wunderschön gelegenen
und forellenreichen Lake Brunner geht
es auf dem Hwy. 73 hinauf zum Pass,
924 m hoch und umgeben von imposanten felsigen Bergriesen wie dem
2271 m hohen Mt. Rolleston.
  Die Pass-Straße durch den **Arthur's
Pass National Park,** die weiter nach
Christchurch führt, ist die landschaftlich spektakulärste Verbindung zwischen Ost- und Westküste.
  4 km hinter dem Pass liegt das kleine Bergdorf Arthur's Pass, Ausgangspunkt für Wanderungen in die Gebirgswelt.

DOC Visitor Information,
Arthur's Pass,
Tel. 03/318 9211, Fax 318 9271.

Tour 11

Stewart Island

So klein sie auch sein mag – mit
1746 km² ist Stewart Island die dritt-
größte neuseeländische Insel.
Immerhin rund 750 km misst die
gesamte buchtenreiche Küstenlinie,
doch lediglich ein Bruchteil davon ist
besiedelt. Die meisten Neuseeländer
setzen nie einen Fuß auf das regen-
waldüberwucherte Eiland jenseits
der stürmischen Foveaux Strait. Doch
begeisterte Wanderer, Naturliebha-
ber und vor allem Vogelkundler kommen immer wieder.

11

Seite
96

Laut Maori-Mythologie war Stewart Island ein Anker, mit dem der Gott Maui
sein Kanu, die Südinsel, festgemacht
hatte. Den Maori diente die Insel in
erster Linie als ergiebiges Revier für
die Moa-Jagd. Einige verwegene Wal-
fänger waren die ersten Weißen, die
sich in den geschützten Buchten niederließen. Doch schnell erkannten die
Siedler den eigentlichen Wert der Insel: Edelhölzer. Eine gnadenlose Ab-
holzung begann. Der Abbau von Gold
und Zinn setzte Ende des 19. Jhs. die
Zerstörung der Natur fort. Erst 1931 er-
ließ die Regierung ein Abholzungs-
verbot. Der schnell wachsende Regenwald hat die Insel längst wieder
erobert. Größter Arbeitgeber ist neben dem Tourismus die Fischindustrie.

*Halfmoon Bay

In der hübschen, halbkreisförmigen
Bucht leben fast alle der rund 450 In-
sulaner, miteinander verbunden durch
die einzigen 20 km Straße. Der Rest
der Insel muss zu Fuß erobert werden.

11

Seite 96

Eine Lachsfarm auf Stewart Island

Oban ⑬ nennt man den Ort, der die Halfmoon Bay ausfüllt. Bei einem Spaziergang zwischen einziger Tankstelle und einzigem Supermarkt kann man sich vom geruhsamen Inselleben anstecken lassen und hat Gelegenheit, die wenigen Sehenswürdigkeiten zu besichtigen. Im liebevoll angelegten *Rakiura Museum wird die Inselhistorie wachgehalten (Ayr Street, Öffnungszeiten: Mo–Sa 10–12 Uhr, So 12–14 Uhr). Hier steht auch das alte Harmonium des aus Deutschland eingewanderten, emsigen Missionars Wohlers, der mit seiner Frau am Ringaringa Beach bestattet ist (30 Minuten zu Fuß).

🍴 Unverfälschte Inselatmosphäre, als wäre die Zeit stehen geblieben, herrscht im Schankraum der einzigen Kneipe, im **South Sea Hotel.**

Wanderungen

Kurze Wanderungen führen zivilisationsnah an und um die Halfmoon Bay (Wegbeschreibung beim DOC). Doch die meisten Besucher, mit Rucksack, Zelt und Kochgeschirr ausgerüstet, wollen tagelang durch die menschenleere Wildnis wandern. Das weitverzweigte Netz von Wanderwegen, entlang einsamer Strände und über steile Berge, ausgestattet mit einigen Hütten, ist in speziellen Karten ausgewiesen (erhältlich beim DOC). Die Strecken sind immer feucht und daher rutschig, auf eine entsprechende Ausrüstung und Kondition sollten Sie achten.

Für den kompletten, 125 km langen **North West Circuit** müssen Sie etwa 11 anstrengende Tage rechnen, nicht weniger mühsam ist der 8-tägige **Southern Circuit;** der leichtere **Rakiura Track** dauert drei Tage und ist bestens mit Holzbohlen befestigt.

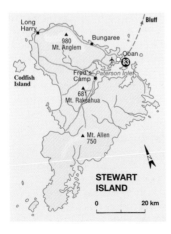

Ausflüge

Unter den Inselchen im Paterson Inlet ist das unbewohnte ***Ulva Island** auf jeden Fall einen Bootsausflug wert. Seltene Vögel sind dort zu Hause. Den Regenwald mit einem naturbelassenen Waldlehrpfad umgibt ein makelloser Strand. Das alte Postamt auf der Insel war bis 1922 in Betrieb. Bootstouren führen auch an einer Lachsfarm vorbei; die beliebten Fische gedeihen im durchschnittlich 15 °C kühlen Wasser der Big Glory Bay prächtig.

! Die Insel hat keine Bank. Sie brauchen also Kreditkarte oder ausreichend Bargeld. Essen können Sie nur in den Motels oder im Pub. www.stewartisland. co.nz.

i **DOC Information Centre/Visitor Information,** Halfmoon Bay, Tel. 03/219 1218, Fax 219 1555. Gute Informationen über Walks und Tracks. Für das »Kiwi Spotting«, Kiwi-Beobachtungen in der Wildnis, müssen Sie sich Wochen vorher anmelden.
■ **Stewart Island Travel,** Tel. 03/219 1269, www.obantours.com. Organisation von Touren und Buchungen.

Flugverbindungen: Dreimal täglich fliegt Stewart Island Flights von Invercargill nach Halfmoon Bay, Tel. 03/218 9129, Fax 214 4681.
Schiffsverbindungen: Täglich zweimal verbindet der Katamaran »Foveaux Express« Südinsel und Stewart Island (nur Personenbeförderung; Stewart Island Marine, Bluff, Tel. 03/212 7660, Fax 212 8377). Mit dem Wassertaxi fährt man nach Ulva Island oder kann sich an verschiedenen Wanderstrecken absetzen lassen (Seaview, Tel. 03/219 1014).

⌂ **Stewart Island Lodge,** Nichol Rd., Tel./Fax 03/219 1085, www.stewartislandlodge.co.nz. Herrliche Aussicht auf die Halfmoon Bay, nur fünf Zimmer, daher sehr familiär. ○○○
■ **South Sea Hotel,** Halfmoon Bay, Hafen, Tel. 03/219 1059, Fax 219 1120. Zimmer (z. T. ohne WC) über dem Pub mit Blick auf die Bucht. ○○/○
■ **Rakiura Motels,** Braggs Bay, Tel. 03/219 1096, ca. 2 km außerhalb des Ortes und sehr ruhig gelegen. ○
Camping: Ferndale Campsite, Tel. 03/219 1176.

Infos von A–Z

Ärztliche Versorgung
Der medizinische Standard ist hoch, die Versorgung mit Ärzten und Apotheken (Chemists) sehr gut. Vor der Abreise sollten gesetzlich Versicherte auf jeden Fall eine Reisekrankenversicherung abschließen, die den medizinisch notwendigen Rücktransport beinhaltet). Privatversicherte sollten prüfen, ob sie für die Reise ausreichend abgesichert sind. Die New Zealand Accident Compensation sorgt bei einem Unfall für kostenlose medizinische Behandlung, auch für Touristen.

Devisenbestimmungen
Keinerlei Beschränkungen, Bargeld im Gesamtwert von über 50 000 Euro ist aber zu deklarieren.

Diplomatische Vertretungen
■ **Neuseeländische Botschaft,** Friedrichstr. 60, 10117 Berlin, Tel. 0 30/20 62 10, Fax 20 62 21-114, www.immigration.govt.nz.
■ **Konsulat** mit Trade Development Board, Zürich-Haus, Domstr. 17–21, 20095 Hamburg, Tel. 0 40/44 25 55–0. Neuseeländisches Generalkonsulat, P. O. Box 334, CH-1211 Genf, Tel. 0 22/929 03–50, Fax 929–03–74. Honorargernalkonsulat, Springsiedelgasse 28, 1190 Wien, Tel. 01/3 18 85 05, Fax 3 18 67 17.
■ **Europäische Vertretungen in Neuseeland:** Embassy of the Federal Republic of Germany, 90–92 Hobson Street, Wellington, Tel. 04/473 6063, Fax 473 6069, www.deutsche botschaftwellington.co.nz. Consulate-General of Austria, 57 Willis Street, Wellington, Tel. 04/499 6393, Fax 499 6392. Embassy of Switzerland, 22 Panama Street, Wellington, Tel. 04/472 1593, Fax 499 6302.

Einreise und Ausreise

Mit einem Reisepass (drei Monate über das Rückreisedatum hinaus gültig) und einem Rückflugticket erhalten Sie bei der Einreise ein drei Monate gültiges Visitors Permit, das vom Immigration Service in Neuseeland auf bis zu 12 Monate verlängert werden kann (manchmal müssen genügend Geldreserven für den Aufenthalt in Neuseeland nachgewiesen werden). Die neuseeländische Botschaft stellt Ihnen auf Antrag aber auch ein Touristenvisum für neun Monate aus.

Impfungen sind nicht vorgeschrieben. Wenn Sie größere Mengen an Medikamenten mitnehmen, sollten Sie die ärztliche Verordnung dabei haben.

Bei der Ausreise muss am Flughafen eine Steuer von 25 NZ $ bezahlt werden (wenn nicht bereits im Ticket eine »departure tax« ausgewiesen ist); Kreditkarten werden akzeptiert.

Elektrizität

Kaufen Sie einen Steckdosenadapter für die in Neuseeland üblichen dreipoligen Flachstecker (in NZ in fast allen Koffergeschäften oder Dutyfreeshops). Die Stromspannung beträgt 230 Volt bei 50 Hertz.

Feiertage (nur gesetzliche) und Schulferien

6. Feb.: Waitangi Day. Good Friday (Karfreitag) und Ostermontag. 25. April: ANZAC-Day (Australian-New Zealand Army Corps Day, Heldengedenktag). 1. Montag im Juni: Queen's Birthday, gefeiert wird der Geburtstag der englischen Königin. Letzter Montag im Okt.: Labour Day. 25. Dez.: Christmas Day. 26. Dez.: Boxing Day.

Ferien: Mitte Dez.–Ende Jan.; Anfang/Mitte April (zwei Wochen); Anfang Juli (zwei Wochen); Mitte bis Ende Sept. (zwei Wochen).

FKK

Es gibt genügend einsame Strandabschnitte, wo FKK-Baden nicht auffällt, und sehr vereinzelt gibt es offizielle FKK-Strände. Ansonsten ist selbst »oben ohne« nicht üblich.

Fotografieren

Filme sind sehr viel teurer als hierzulande, dafür kann man sie relativ preiswert (und fast an jeder Ecke) entwickeln lassen. Dia-Filme (E 6 Process) können in größeren Städten in ein Labor gegeben werden. Die sehr grellen Lichtverhältnisse in Neuseeland machen den Einsatz von Filtern sinnvoll.

Frauen allein unterwegs

In Neuseeland reisen viele Frauen alleine. Die vielen Backpacker im Lande haben für eine Infrastruktur gesorgt, die für gute Kommunikation in den Bussen oder den Hostels sorgt.

Geld und Währung

Währung ist der Neuseeland-Dollar (NZ $ = 100 cents). 1 NZ $ kostet rund 0,5 Euro. Reiseschecks und Bargeld können Sie in Banken wechseln (Mo–Fr 9.30–16.30 Uhr). Üblich sind Kreditkarten, auch an Tankstellen, und in vielen Supermärkten.

Gesundheitsvorsorge

Dem Menschen gefährliche Tiere gibt es nicht. Lästig werden können Insektenstiche (Moskitos und Sandflies). Seien Sie vorsichtig beim Genuss von Wasser in der freien Natur. Viele der glasklaren Flüsse und Bäche sind vom Giardia-Parasiten befallen (durch menschlichen Kot eingeschleppt), der üble Magenschmerzen verursachen kann. Medikamente bekämpfen die Krankheit jedoch erfolgreich. Kochen Sie dieses Wasser mindestens drei Minuten ab, oder reinigen Sie es chemisch (Portable Aqua, erhältlich in den Büros des Department of Conservation).

Schützen Sie Ihre Haut gut, wenn Sie sich, aus dem Winter der nördlichen Hemisphäre kommend, der sommerlichen Sonne Neuseelands aussetzen.

Informationen
Fremdenverkehrsamt von Neuseeland, Rossmarkt 11, 60311 Frankfurt/Main, Tel. 0 69/97 12 11–0.

Ab Juni 2003 wird das Büro aufgelöst und die Aktivitäten werden nach London verlegt. Wie der deutsche Markt zukünftig betreut wird, stand bei Redaktionsschluss noch nicht fest. Prospektmaterial etc. können Sie weiterhin über die deutsche Internet-Seite www. newzealand.de bestellen. Dort erfahren Sie auch, ob es in Zukunft eine deutschsprachige Touristenauskunft per Telefon geben wird.

In Neuseeland sorgen mehr als 60 Visitor Information Centres für die Touristen.

Informationen im Internet
❚ www.purenz.com (Seite von Tourism New Zealand mit allen Regionen)
❚ www.newzealand.de (dt. Seite vom Fremdenverkehrsamt von Neuseeland)
❚ www.doc.govt.nz (Department of Conservation, DOC), die wichtigsten Infos für Wanderer
❚ www.itsoninnz.co.nz (Veranstaltungen in Neuseeland)
❚ www.bnb.co.nz (ausführlicher B&B Guide)
❚ www.vip.co.nz (für Rucksackreisende)
❚ www.backpack.co.nz (für Rucksackreisende)
❚ www.yha.org.nz
❚ www.aaguides.co.nz (Automobile Association, AA)

❚ www.intercitycoach.co.nz (Infos über Bus-Pässe)
❚ www.tranzrail.co.nz (Züge und Fähren)
❚ www.immigration.govt.nz (Alles über Einwanderung und Visa-Vorschriften)
❚ www.newzealandsearch.co.nz (Suchmaschine mit NZ Websites)

Jet Lag (Flugsyndrom)
Pro Tag, heißt es, baut der menschliche Organismus zwei Stunden Zeitunterschied ab. Trinken Sie viel (aber nur wenig Alkohol) während des Fluges und verzichten Sie auf eiweißreiche Nahrung. Augenklappen, Ohrenstöpsel und warme Strümpfe sollten Sie auf einem Langstreckenflug mitnehmen. Bei einem Direktflug über Amerika kommt man in Neuseeland meist am frühen Morgen an. Versuchen Sie, bis zum frühen Abend aufzubleiben, um sich dem neuen Zeitrhythmus besser anzupassen. Wenn Flugunterbrechungen (s. S. 32) aus Zeitgründen nur auf einer Strecke in Frage kommen, sparen Sie sich diese für den Rückflug auf – zu Hause warten wahrscheinlich nicht einige Wochen Urlaub auf Sie!

Kleidung
Wasserdichte, aber atmungsaktive Regenkleidung, warme Pullover und strapazierfähiges Schuhwerk gehören grundsätzlich mit ins Gepäck. Oder Sie kaufen sich die Kleidungsstücke während der Reise. Auswahl und Qualität sind in Auckland, Rotorua, Christchurch, Queenstown und Dunedin sehr gut! Neuseeländer kleiden sich unkonventionell, kurze Hosen mit Kniestrümpfen trägt der Angestellte auch im Büro, eine Krawatte wird nirgendwo verlangt. Um das Gepäck zu reduzieren: In den größeren Städten gibt es ausreichend Waschsalons.

Kriminalität

Sie steigt leider, v. a. Aufbrüche von Pkws und Wohnmobilen auf einsamen Parkplätzen haben rapide zugenommen. Also treffen Sie die gleichen Vorsichtsmaßnahmen wie hierzulande.

Maßeinheiten

Es gilt das metrische System, aber leider nicht immer:

▮ 1 inch = 2,54 cm
▮ 1 foot = 0,30 m;
▮ 1 yard = 91,4 cm
▮ 1 mile = 1,6 km
▮ 1 Hektar = 10 000 m²
▮ 1 km² = 247 acres
▮ 1 ounce (oz) = 28,3 g

Bei den Konfektionsgrößen steht Größe 36 für Größe 10 in Neuseeland, 38 für 12 usw.

Mehrwertsteuer

In Neuseeland heißt sie Goods and Service Tax (GST). Sehr selten sind die derzeit 12,5 % noch nicht in den Preisen enthalten, sondern werden gesondert berechnet (z. B. in Luxushotels).

Notruf

Für Polizei, Feuerwehr und Ambulance gilt die (kostenfreie) Nummer 111.

Öffnungszeiten

Geschäfte haben zwischen 8.30 und 17.30 Uhr geöffnet, Freitag bis 21 Uhr, samstags bis 13 Uhr (manche auch den ganzen Tag). Sonntags sind Geschäfte v.a. in der City von Auckland, Wellington und Christchurch von 10 bis 16 Uhr geöffnet. Auch **Supermärkte** haben die Öffnungszeiten auf mindestens 12 Stunden täglich erweitert. Bis spät in die Nacht, sieben Tage die Woche, haben die **Dairies** geöffnet, in denen man die täglichen »Überlebensmittel« zu etwas höheren Preisen bekommt.

Post, Postgebühren

Eine Luftpostkarte nach Europa kostet 1,50 NZ $, ein Luftpostbrief (bis 200 g) 2 NZ $. Unterwegs ist die Post 4 bis 10 Tage. Die Postämter sind Mo–Fr von 9–17 Uhr geöffnet.

Souvenirs

Eine Auswahl der besten Einkaufsmöglichkeiten:

▮ **Auckland** (s. S. 34): Souvenirs und Mode an der Parnell Road oder im Museumsshop (Domain) sowie in der High Street (parallel zur Queen Street). Segelkleidung bzw. wetterfeste Westen mit America's Cup-Logo im Maritime Museum.

▮ **Rotorua** (s. S. 60): Maori-Schnitzkunst (auch aus industrieller Fertigung). Gute Qualität erhältlich im Maori Arts & Crafts Institute.

▮ **Wellington** (s. S. 39): Ausgefallenere Mitbringsel findet man in »The Vault« (Uhren, Willis Street/Lambton Quay, erster Stock) und besonders im Shop des Te Papa Museums sowie bei Askew (Lambton Quay).

▮ **Greymouth** (s. S. 94): Gute, originelle Jadeprodukte verkauft Ian Boustridge (Jade Boulder Gallery, Guinness Street)

▮ **Christchurch** (s. S. 43): Die beste Auswahl an Souvenirs hat man im Arts Centre (Worcester/Hereford Sts.). Am Wochenende ist dort Kunsthandwerkermarkt.

▮ **Lammfelle** kauft man am günstigsten in Napier (s. S. 68), z. B. bei Classic Sheepskins (Thames St.).

▮ Die als Mitbringsel beliebten **Kiwi-Frucht-Produkte** bekommt man in allen Variationen in Te Puke (Kiwi Fruit Country, s. S. 59)

▮ **Wolle:** Die Auswahl an kunstvoll Handgestricktem – das kuscheligste aus feiner Merinowolle und seidigem Opossumhaaren – ist in Queenstown besonders groß.

❚ In **Deutschland** ist das Neuseeland-Haus ein guter Vertrieb für anspruchsvolle Souvenirs aus Neuseeland (Werner Str. 191, 59192 Bergkamen, Tel. 0 23 07/8 60 75, Fax 8 77 77, www.neuseelandhaus.de).

Telefon/Telefonkarten

Viele öffentliche Telefonzellen mit Kartentelefonen. Die Kärtchen kann man z. B. in Tankstellen kaufen. Preiswert nach Hause telefonieren Sie mit im Voraus bezahlten Phone Cards von Net Tel (ca. 1,40 NZ $/Min.), mit denen man von jedem Apparat aus telefonieren kann (per Kreditkarte wieder aufladbar). Erhältlich sind die Phone Cards bei der Visior Information. Informationen auch unter Tel. 0800-279 666.

Wichtige Nummern: 0 10 (Local Operator), 01 70 (International Operator), 0 18 (Inlandsauskunft), 01 72 (Auslandsauskunft). Ortsgespräche von privaten Telefonanschlüssen sind kostenlos. Nummern mit der Vorwahl 0800 sind gebührenfrei innerhalb Neuseelands. Die Nummern von Mobil-Telefonen (Handys) beginnen u. a. mit 025 oder 021.

Ihr GSM-Handy können Sie in Neuseeland benutzen. Wenn Sie unter Ihrer Mobilrufnummer erreichbar bleiben wollen, bucht sich das Handy bei Vodafone in Neuseeland ein (Roaming). Bitte informieren Sie sich über die wechselnden Tarife bei Ihrem Provider. Auf jeden Fall preiswerter ist es, vor dem Abflug die Rufumleitung einzuschalten und in Neuseeland für 10 NZ $ einen "pre pay-Chip" von Vodafone zu kaufen und in das Handy einzusetzen. Sie haben nun eine neuseeländische Nummer und eine Mailbox. Wer Sie von Deutschland aus erreichen will, zahlt nur ca. 0,28 Euro/Minute (über 01051 Telecom). Zwischen 19 und 7 Uhr kostet der Anruf nach Deutschland pro Minute 1,99 NZ $ und Sie können u.a. Ihre Mailbox in Deutschland abhören.

Weitere Infos: www.vodafone.co.nz

Internationale Vorwahlen:

❚ Deutschland: 00 49,
❚ Österreich: 00 43,
❚ Schweiz: 00 41,
❚ Neuseeland: 00 64

Trinkgeld

»Tipping« wird in Neuseeland nicht erwartet, auch wenn Kreditkartenabrechnungen in Restaurants ein entsprechendes Kästchen ausweisen. Bei einem außergewöhnlichen Service kann aber ein »Tip« gegeben werden.

Zeit

Zwischen Oktober und März (die neuseeländische Sommerzeit – zweiter Sonntag im Okt. bis dritter Sonntag im März – berücksichtigt): MEZ + 12 Std. Zwischen März und Sept. (europäische Sommerzeit) beträgt der Zeitunterschied nur 10 Stunden.

Zollbestimmungen

Strikt verboten ist die Einfuhr von pflanzlichen und tierischen Produkten. Zollfrei sind Geschenke im Gesamtwert von 700 NZ $ sowie z. B. 200 Zigaretten oder 1,1 l Spirituosen pro Erwachsenen. Über besondere Bestimmungen informieren Botschaft und Konsulat. Zollfrei einkaufen kann man auch nach Ankunft in Auckland (vor der Passkontrolle). Bei der Ausreise bestehen keinerlei Beschränkungen.

Die wichtigsten Zollfreigrenzen bei der Wiedereinreise im europäischen Heimatland sind: In Deutschland, Österreich und der Schweiz: 200 Zigaretten, 1 l hochprozentiger Alkohol oder 2 l Wein, Geschenke bis 175 € bzw. 200 CHF.

Langenscheidt Mini-Dolmetscher Englisch

Allgemeines

Guten Morgen.	Good morning. [gud **moh**ning]
Guten Tag. (nachmittags)	Good afternoon. [gud after**nuhn**]
Hallo!	Hello! [häl**loh**]
Wie geht's?	How are you? [hau **ah**_ju]
Danke, gut.	Fine, thank you. [fain, **θänk**_ju]
Ich heiße ...	My name is ... [mai **nehm**_is]
Auf Wiedersehen.	Goodbye. [gud**bai**]
Morgen	morning [**moh**ning]
Nachmittag	afternoon [after**nuhn**]
Abend	evening [**ihw**ning]
Nacht	night [nait]
morgen	tomorrow [tu**morro**h]
heute	today [tu**deh**]
gestern	yesterday [**jes**terdeh]
Sprechen Sie Deutsch?	Do you speak German? [du_ju spihk **dseh**öhmən]
Wie bitte?	Pardon? [**pah**dn]
Ich verstehe nicht.	I don't understand. [ai **dohnt** ander**ständ**]
Würden Sie das bitte wiederholen?	Would you repeat that please? [wud_ju ri**piht** ðät, plihs]
Langsamer bitte!	Could you speak a bit more slowly, please? [kud_ju spihk_ə bit moh _slouli plihs]
bitte	please [**plihs**]
danke	thank you [**θänk**_ju]
Keine Ursache.	You're welcome. [joh **wäll**kamm]
was / wer / welcher	what / who / which [wott / huh / witsch]
wo / wohin	where [wäə]
wie / wie viel	how / how much [hau / hau **matsch**]
wann / wie lange	when / how long [wänn / hau **long**]
warum	why [wai]
Wie heißt das?	What is this called? [**wott**_is ðis **kohld**]
Wo ist ...?	Where is ...? [**wäər**_is ...]
Können Sie mir helfen?	Can you help me? [kän_ju **hälp**_mi]
ja	yes [jäss]
nein	no [noh]
Entschuldigen Sie.	Excuse me. [iks**kjuhs** mi]
rechts	on the right [on ðə reit]
links	on the left [on ðə left]

Sightseeing

Gibt es hier eine Touristeninformation?	Is there a tourist information? [is_ðər_ə **tua**rist infəmehschn]
Haben Sie einen Stadtplan / ein Hotelverzeichnis?	Do you have a city map / a hotel guide? [du_ju häw_ə **ß**iti mäpp / hoht**äll** gaid]
Welche Sehenswürdigkeiten gibt es hier?	What are the local sights? [**wott**_ə ðə **lohk**l ßaits]
Wann ist ... geöffnet?	When are the opening hours of ...? [**wänn**_ah ði **ohp**ning auers əw ...]
das Museum	the museum [ðə mju**sih**əm]
die Kirche	the church [ðə **tschöh**tsch]
die Ausstellung	the exhibition [ði egsi**bisch**n]
Wegen Restaurierung geschlossen.	Closed for restoration. [**klohsd** fə **räst**ərehschn]

Shopping

Wo gibt es ...?	Where can I find ...? [**wäə** kən_ai **faind** ...]
Wie viel kostet das?	How much is this? [**hau**_matsch is_ðis]
Das ist zu teuer.	This is too expensive. [ðis_is **tuh** iks**pänn**ßiw]
Das gefällt mir (nicht).	I like it. / I don't like it. [ai **laik**_it / ai **dohnt laik**_it]
Gibt es das in einer anderen Farbe / Größe?	Do you have this in a different colour / size? [du_ju **häw**_ðis in_ə **diffr**ənt **kall**er / **ß**ais]
Ich nehme es.	I'll take it. [ail **tehk**_it]
Wo ist eine Bank / ein Geldautomat?	Where is a bank / a cash dispenser? [**wäər**_is ə_**bänk** / _ə **käsch** dis**pänn**ser]
Geben Sie mir 100 g Käse / zwei Kilo ...	Could I have a hundred grams of cheese / two kilograms of ... [kud_ai **häw**_ə **hann**drəd **grämms**_əw **tschihs** / **tuh kill**əgrämms_əw ...]
Haben Sie deutsche Zeitungen?	Do you have German newspapers? [du_ju häw **dseh**öhmən **njuh**spehpers]
Wo kann ich telefonieren / eine Telefonkarte kaufen?	Where can I make a phone call / buy a phone card? [**wäə** kən_ai **mehk**_ə **fohn**_kohl / **bai**_ə **fohn**_kahd]

Notfälle

Ich brauche einen Arzt / Zahnarzt.	I need a doctor / a dentist. [ai nihd_ə dockter / ə dänntist]
Rufen Sie bitte einen Kranken-wagen / die Polizei.	Please call an ambulance / the police. [plihs kohl ən_ämmbjuləns / ðə pəlihs]
Wir hatten einen Unfall.	We've had an accident. [wihw häd ən_äckßidənt]
Wo ist das nächste Polizeirevier?	Where is the nearest police station? [wäər_is ðə niərəst pəlihs stehschn]
Ich bin bestohlen worden.	I have been robbed. [ai haw bihn robbd]
Mein Auto ist aufgebrochen worden.	My car has been broken into. [mai kah has bihn brohkən inntu]

Essen und Trinken

Die Speise-karte, bitte.	The menu please. [ðə männju plihs]
Brot	bread [bräd]
Kaffee	coffee [koffi]
Tee	tea [tih]
mit Milch / Zucker	with milk / sugar [wið_milk / schuggər]
Orangensaft	orange juice [orrəndseh_dsehuhs]
Mehr Kaffee, bitte.	Some more coffee please. [ßəm_moh koffi plihs]
Suppe	soup [ßuhp]
Fisch	fish [fisch]
Fleisch	meat [miht]
Geflügel	poultry [pohltri]
Beilage	sidedish [ßaiddisch]
vegetarische Gerichte	vegetarian food [wädsehətäriən fud]
Eier	eggs [ägs]
Salat	salad [ßäləd]
Dessert	dessert [disöht]
Obst	fruit [fruht]
Eis	ice cream [ais krihm]
Wein	wine [wain]
weiß / rot / rosé	white / red / rosé [wait / räd / rohseh]
Bier	beer [biə]
Aperitif	aperitif [əpärrətihf]
Wasser	water [wohtər]
Mineralwasser	mineral water [minnrəl wohtər]
mit / ohne Kohlensäure	sparkling / still [spahkling / still]
Limonade	lemonade [lämmənehd]
Frühstück	breakfast [bräckfəst]
Mittagessen	lunch [lanntsch]
Abendessen	dinner [dinnər]

ein Imbiss	a snack [ə_ßnäck]
Ich möchte bezahlen.	I would like to pay. [ai_wud laik_tə peh]
Es war sehr gut / nicht so gut.	It was very good / not so good. [it_was wärri gud / nott_ßoh gud]

Im Hotel

Ich suche ein gutes / ein nicht zu teures Hotel.	I am looking for a good / not too expensive hotel. [aim lucking fər_ə gud / nott tu ickspännßiw hohtäll]
Ich habe ein Zimmer reserviert.	I have booked a room. [ai haw buckt ə ruhm]
Ich suche ein Zimmer für ... Personen.	I am looking for a room for ... persons. [aim lucking fər_ə ruhm fə ... pöhßns]
Mit Dusche und Toilette.	With shower and toilet. [wið schauər_ənd toilət]
Mit Balkon / Blick aufs Meer.	With a balcony / overlooking the sea. [wið_ə bälkəni / ohwerlucking ðə ßih]
Wie viel kostet das Zimmer pro Nacht?	How much is the room per night? [hau_matsch is ðə ruhm pə_nait]
Mit Frühstück?	Including breakfast? [inkluhding bräckfəst]
Kann ich das Zimmer sehen?	Can I see the room? [kən_ai ßih ðə ruhm]
Haben Sie ein anderes Zimmer?	Do you have another room? [du_ju häw ənaðer ruhm]
Das Zimmer gefällt mir (nicht).	I like the room. / I don't like the room. [ai laick ðə ruhm / ai dohnt laick ðə ruhm]
Kann ich mit Kreditkarte bezahlen?	Do you accept credit cards? [du_ju əckßäppt krädit_kahds]
Wo kann ich parken?	Where can I park the car? [wäə kən_ai pahk ðə kah]
Können Sie das Gepäck in mein Zimmer bringen?	Could you bring the luggage to my room? [kud_ju bring ðə laggidsch tə_mai ruhm]
Haben Sie einen Platz für ein Zelt / einen Wohn-wagen / ein Wohnmobil?	Is there room for a tent / a caravan / a camper? [is_ðə ruhm fər_ə tänt / ə kärəwən / ə kämper]
Wir brauchen Strom / Wasser.	We need electricity / water. [wi nihd iläcktrissəti / wohter]

103

Register

Zeichenerklärung

Unsere Preissymbole bedeuten:

Hotel (pro Doppelzimmer):		Restaurant (pro Hauptgericht):	
○○○	ab 120 NZ $	○○○	ab 23 NZ $
○○	60–120 NZ $	○○	17–22 NZ $
○	unter 60 NZ $	○	9–16 NZ $

Polyglott im Internet: www.polyglott.de,
im Shell GeoStar unter www.ShellGeoStar.com,
im Travel Channel unter www.travelchannel.de

Alle Informationen stammen aus zuverlässigen Quellen und wurden
sorgfältig geprüft. Für ihre Vollständigkeit und Richtigkeit können wir jedoch
keine Haftung übernehmen.
Ergänzende Anregungen bitten wir zu richten an:
Polyglott Verlag, Redaktion, Postfach 40 11 20, 80711 München.
E-Mail: redaktion@polyglott.de

Impressum

Herausgeber: Polyglott-Redaktion
Autoren: Bruni Gebauer, Stefan Huy
Lektorat: Gudrun Rücker
Layout: Ute Weber, Geretsried
Karten und Pläne: Annette Buchhaupt
Titeldesign-Konzept: Independent Medien-Design
Satz: Tim Schulz, Dagebüll
Satz Special: Carmen Marchwinski, München

Komplett aktualisierte Auflage 2003/2004
© 2001 by Polyglott Verlag GmbH, München
Printed in Germany
ISBN 3-493-58867-4
Dieses Buch wurde auf chlorfrei gebleichtem Papier gedruckt.

Das unverwechselbare Polyglott-Sternchensystem

*** eine eigene Reise wert   ** einen Umweg wert   * sehr sehenswert

Neuseeland im Internet

www.holidayparks.co.nz
www.accomodationinnewzealand.
co.nz
www.outside.nz.com
www.antarctic-link.org.nz
www.aotearoa.co.nz

www.nzmusic.com
www.nzmca.org.nz
www.bizlinx.de
www.neuseeland-news.co.nz
Weitere Internetadressen:
s. S. 99

Die Autoren

**Bruni Gebauer und
Stefan Huy,**

beide Journalisten, leben in Deutschland und Neuseeland. Seit über fünf-
zehn Jahren beschäftigen sie sich in
ihrer Berichterstattung mit den Ländern im Südpazifik.